法廷通訳人の倫理

水野真木子
渡辺修

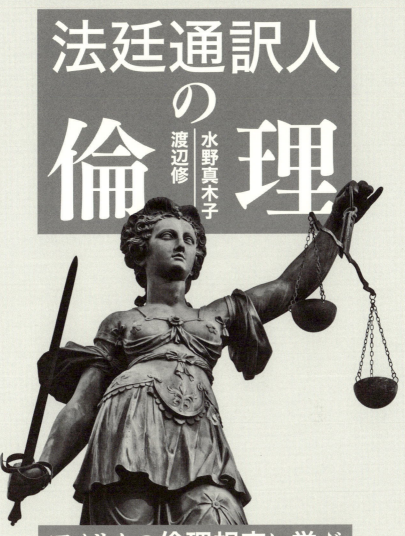

アメリカの倫理規定に学ぶ

松柏社

法廷通訳人の倫理

目　次

序文 ——————————————————— 4
はじめに ————————————————— 7
法廷通訳人の倫理　序論として ——————— 11

1. 通訳人の資格に関する倫理原則 ——————— 12
2. 通訳の正確性に関する倫理原則 ——————— 17
3. 中立性に関する倫理原則 ————————— 55
4. 守秘義務に関する倫理原則 ———————— 71
5. 法的助言禁止に関わる倫理原則 ——————— 76
6. 職務上の関係に関わる倫理原則 ——————— 82
7. 継続教育の必要性に関わる倫理原則 ————— 86
8. 業務遂行に対する障害の評価と報告に関わる倫理原則 —— 95
9. 法廷での礼儀と振る舞いに関わる倫理原則 ——— 105
10. 違反についての報告義務に関わる倫理原則 —— 107

付録（1）————————————————— 110
付録（2）————————————————— 113
参考文献 ————————————————— 122

序　文

　日本の刑事訴訟法は，その第一条で，基本的人権の保障と，真実発見を目指すことをうたっています。本来，通訳を介するか否かによって，刑事被告人の権利保障や真実発見の度合いに差異があってはならないはずです。しかし，我が国における法廷通訳の制度・運用の現状を見ると，その差異が無いとは言い難く，多くの先人の努力にもかかわらず，その差異を飛躍的に縮小することは未だ成功していません。

　2009 年に裁判員裁判が始まり，刑事司法の世界は様々な変化を見せています。その一つとして，法廷外で大量の書面を読み込む作業の余地がなくなったことから，法廷での口頭の主張・立証の重要性が高まりました。他方，市民の負担を慮って連日開廷・集中審理が志されたことにより，長時間の連続した通訳や期日間の準備時間不足等，裁判員裁判を担当する通訳人は，質・量ともに重い負担を強いられるようになりました。

　そのような流れのなか，2013 年 7 月 18 日，日本弁護士連合会は，最高裁判所，法務省，及び検事総長に対し，「法廷通訳についての立法提案に関する意見書」を提出しました。その内容は，通訳人の能力確保・維持・向上のため，資格・名簿制度と継続的研修制度を法律で定めることや，異議・鑑定等の事後検証の制度，通訳人の身分保障のための報酬制度を規則で定めることを求めるほか，訴訟関係者にも，事前準備や，通訳可能な表現の使用に努める等の努力義務を課すべきと主張するものです。長年課題であった法廷通訳の制度・運用の改革に向け，裁判員裁判の開始に伴う「変化」が改革の必要性を高めているとの理解に基づき，提案を契機に関係諸機関との協議・協同の活性化に繋げたいとの希望を込めた提案でもありました。

　その後，同意見書の紹介も兼ねて 2014 年 9 月に同会主催で開催された法廷通訳シンポジウム「ただしく伝わっていますか？あなたの尋問〜裁判員裁判時代の通訳人と弁護人の協働のために〜」には，想定の 3 倍

を上回る300名以上の参加者が集い，法廷通訳の現状と今後の変化に向けられた高い関心が再認識されました。とくに，同シンポジウムの際に実施されたアンケートや，同会が同じ頃，全国の法廷通訳人と弁護士を対象に実施したアンケートの結果においても，法廷通訳人・弁護士ともに，要通訳事件において必要とされる技術や知識・倫理に関し，研修の実施を求める声が多く寄せられました。刑事司法の一翼を担い，被告人の権利保障の砦としての責任を負うわれわれ弁護士は，このような現場の向上心に触れ，改めて，今，何をすべきか，検証し，挑戦する機会を与えられています。

　意見書で提案したような抜本的な改革を実現するまでには，なお，多くの時間と費用と労力を注ぐ覚悟が必要です。千里の道の第一歩として，まずは，弁護士自身が法廷通訳の倫理とメカニズムを理解し，質の高い通訳の実現を可能にするための法廷技術を身につけるべく自己研鑽を重ねることがなされるべきでしょう。また，通訳人のための研修についても，技術面のブラッシュアップのための研修を広く実施するには，内容と指導法の確立や多数の言語における講師の養成等，課題も少なくありません。

　そのなかで，通訳倫理は，すべての言語の通訳において普遍的に習得が必要とされる分野です。しかも，通訳人が自らの誤訳を防ぐため，あるいは訂正のためにとるべき行動等は，現場の法曹関係者が予め知っておくことにより，通訳人にそのように行動するよう促すことが可能になります。通訳の最中に辞書の参照を求めたり，訳し漏れを自ら正しい方法で申し出る通訳人こそが，倫理観の高い通訳人であるとの認識を法曹関係者が持つようになることが重要なのです。現場の通訳人が臆することなく通訳の正確性を保持することに最大の注意を注ぐことができるようになるために，まず始めに求められていることなのかも知れません。

　本書は，法廷通訳の制度に関し，世界でも有数の先進の地であるカリフォルニア州をはじめとするアメリカ合衆国の法廷通訳倫理規定を紹介し，日本の現状に沿うように解説を加えている点で，画期的です。我々法曹関係者が通訳の倫理とメカニズムを理解するためにも大いに活用さ

れるべき内容を多く含むものですから，今すぐにできる研修の教材，あるいは「基本書」とも言うべき存在として，多くの法曹関係者に活用されることが望まれます。

　この「基本書」の内容が十分に弁護士の間で浸透し，他の法曹関係者の理解をも得るようになり，やがては通訳人の行動指針の策定に繋げることができれば，通訳人にとっても依るべき指針が明らかとなります。共通の指針が明らかとなることで，通訳人が訂正の申出等，誤訳を防ぐための行動に心身の負荷を感じないようになり，結果的に通訳の質の向上に繋がることは十分にあり得ることです。すなわち，通訳倫理の浸透は，長年飛躍的変化をみなかった法廷通訳の世界に変革をもたらす突破口となり得るといっても過言ではありません。

　裁判員裁判が始まったことにより，市民が法廷通訳の問題を認識する機会も急激に増加しました。様々な分野において「グローバル化」が叫ばれるいま，世界に誇れる法廷通訳制度を有する国は，あらゆる言語の人々が安心して行き交うことのできる，真に質の高い「グローバル化」を果たした国と言えるのではないでしょうか。我々弁護士，法曹関係者は，刑事裁判という人権保障の最前線において，そのような理想の実現にむけ，誇り高い役割を担うことができる，そのような時代がいま，到来しようとしているのかも知れません。

　　　　　　　日本弁護士連合会刑事弁護センター幹事　大阪弁護士会弁護士
　　　　　　　寺田有美子

はじめに

日本の法廷通訳の現状と法廷通訳人倫理規定の必要性

本書の目的と構成

　本書は，アメリカの司法通訳人の倫理規定を素材にして我が国における司法通訳倫理を提案するものである。

　基本の素材は，アメリカ合衆国の「カリフォルニア州裁判所規則2.890 通訳人の職務遂行」，「連邦裁判所通訳人行動基準および職務責任」，そして「NAJIT（司法通訳人翻訳人全国協会）倫理規定および職務責任」の3種類の倫理規定である。

　まず，これに盛り込まれている重要な倫理原則を10項目に分けて規定そのものを紹介する。

　次に，これにカリフォルニア州司法審議会による「カリフォルニア州法廷通訳人職務基準及び倫理」を部分的に引用しながら，日本への橋渡しも意識して内容を解説する。

　そして，それぞれの項目について，法廷通訳制度の運用，法廷通訳人の資質，通訳人と法律家の協働のあり方など，その望ましい形についての法律実務家の立場からのコメントを載せている。

　その後，日本の裁判システムの中で応用可能な法廷通訳人倫理原則を，項目ごとにいくつかの柱として提示する。

　脚注では，アメリカのシステムに特有の概念の説明や用語解説などを中心に必要な個所に注釈を加えている。

　また，本書の末尾には，参考として，上記の3種類の倫理規定の原文を載せている。

　こうした司法通訳に関する倫理本が必要な理由は以下の通りである。

日本の法廷通訳制度

　1980年代のバブル景気のころから労働者として来日する外国人の数

が増加し，それに伴って，司法の現場でも日本語を解さない外国人が被告人や証人として関わるケースも目立ち始めた。言葉の橋渡しとしての司法通訳人の存在が注目され始めてすでに 30 年近く経っており，その間の関係諸機関の努力の結果，通訳人任用の仕組みは格段に進歩した。現在では，刑事手続の各段階で，可能な限り被疑者・被告人の母語の通訳人がつけられるよう，警察，検察，裁判所，弁護士会，日本司法支援センター（法テラス）など，それぞれ通訳人の名簿を完備している。特に，口頭主義を取り，法廷で話されることのみが証拠となる裁判員裁判の制度が 2009 年に導入されてからは，長時間にわたる公判での通訳人の疲労の問題や通訳人の話し方が裁判員の心証に及ぼす影響の問題などが意識されるようになっている。

通訳のクオリティー・コントロールの問題

　ところが，通訳人任用のシステムが確立してきたのに通訳の質の問題はいまだに手つかずのままである。これまで，原審の通訳の正確性が問題になり，控訴されたりメディア等に取り上げられたりするケースもいくつかあったが，マイナーな言語の場合は通訳の問題に気づかれることもほとんどなく，話題になるのは氷山の一角である。

　通訳の問題が生じる背景には，日本には通訳人の認定制度がなく，法廷通訳人になるには，裁判官による簡単な面接を受けるだけで足りるという状況が続いているからである。場合によっては面接に当該言語のベテラン通訳人が立ち会うことがあるが，その場合も言語の能力がある程度確認できるだけで，通訳スキルについては，まったくチェックされないまま，通訳人候補者名簿に登載されることになってしまう。また，日本では法廷通訳人を対象とするトレーニングは，裁判所が行っている 3 種類の短期のセミナーがあるだけである。しかも，そこで教えられる内容は日本の裁判制度や専門用語，簡単な倫理原則が中心で，通訳スキルを獲得させるためのトレーニングは皆無である。このような資格認定と訓練の欠如により法廷通訳のクオリティー・コントロールが事実上不可能になっている。

倫理的でない法廷通訳人の振る舞い

　これまで法廷通訳が問題になったケースを分析してみると，主として，通訳人の語学力不足，通訳スキル不足，倫理に反する行動の3つの問題に分けられる。語学力不足や基本的な通訳スキルの欠如は通訳行為の根幹に関わる非常に重要な問題であるが，ここでは本書のテーマに沿って通訳人倫理の問題に焦点を当てる。

　通訳が問題になって控訴された事件にも，誤訳や通訳エラーの問題と密接に絡まった通訳人の倫理違反が目立つものがある。例えば，被告人が非常に強い訛りのある話し方をし，通訳人がまったく理解できない箇所も多くあったにもかかわらず，それを裁判所に伝えることをせず，結審まで何の手立ても講じなかった裁判があった。控訴審のために通訳の正確性に関する鑑定が行われたが，誤訳に加え，原発言を大幅に省略した箇所がいたるところに見られた。

　通訳人が2人任命された別のケースでは，一方が他方の誤りを法廷で大きな声で正すなど，互いに不適切な補助を行っていたため，裁判員にとって非常にわかりにくいやり取りになった。

　また，証人尋問や被告人質問が長時間にわたったため疲労が蓄積しているにもかかわらず，休憩を求めない通訳人もいた。このため，通訳の精度が目に見えて低下していた。さらに，裁判所から通訳人を2人任命したほうがよいかと尋ねられても，それを即座に断り一人で長時間におよぶ裁判員裁判の通訳を引き受ける通訳人も多いという。

　通訳人の訳出の際の文体についても，多くの倫理違反がみられる。被告人が首尾一貫した明瞭な話し方をしているにもかかわらず，通訳人が「あのう」「ええと」という言いよどみを非常に頻繁に用いたため，被告人の証言の信用性が低下した例。被告人が非常に教養の低い話し方をしているにもかかわらず，通訳人が上品で洗練された話し方で訳したため，被告人の知性に対する判断に影響が及んだ例などがある。

　また，極端な例だが，係争中の裁判当事者の個人情報をそのままの形で盛り込んで，雑誌にその事件の記事を投稿した法廷通訳人がいて，大きな問題になったこともある。

倫理規定の必要性

　このような通訳人の倫理違反については，今後再発を防がなければならない。

　前述したように，通訳人の非倫理的行動は，それ自体が問題となるだけではなく，通訳の正確性をも損ない，公正な裁判の実現への大きな障害となるケースも多い。

　しかし，裁判所が執り行う法廷通訳人研修では，通訳人の倫理を扱ってはいるが，非常に一般的なことがらを断片的に教えるにとどまり，包括的かつ網羅的な倫理規定の提示はない。

　だが，倫理規定は様々な状況に対応し，正しい行動と正しくない行動について判断するための指針を提供することを目的とする。

　そこで，本書では，法廷通訳に関する法律や認定制度が整備されているアメリカ合衆国の法廷通訳人の倫理規定を3種類取り上げ，それらに盛り込まれている重要な倫理原則について紹介し，日本の現状に合わせて解説した上，我が国流の通訳倫理を提案することとした。

　アメリカの法廷通訳人が守るべき倫理には，非常に高い水準が設定されており，これを我が国ですべて実現するのは不可能であると思われるかもしれない。しかし，これが法廷通訳人の理想の姿である。高い理想があって初めて，それに続く道が拓けるのである。

　本書が，日本の司法通訳の水準を高める一助となれば誠に幸いである。

法廷通訳人の倫理

序論として

　司法通訳の倫理原則にはいくつかの主要な柱がある。本書ではアメリカ合衆国で作成され実施されている法廷通訳の倫理規定を3種選び，それらを比較しながら司法通訳人が守らねばならない倫理原則とその詳細について解説する。1つ目は，カリフォルニア州の認定および登録通訳人に関わる裁判所規則である「カリフォルニア州裁判所規則2.890　通訳人の職務遂行」，2つ目は1,200人のメンバーを擁する法廷通訳人・翻訳人の全国組織であるNAJIT（司法通訳人翻訳人全国協会）の「NAJIT倫理規定および職務責任」，そして，3つ目は連邦法廷通訳人として資格認定を受けている人たちを対象とする「連邦裁判所通訳人行動基準および職務責任」である。上記3種のうち，「カリフォルニア州裁判規則2.890　通訳人の職務遂行」については，それに基づいてカリフォルニア州の司法審議会が「カリフォルニア州法廷通訳人職務基準及び倫理」を作成している。これは，数十ページにわたり，「規則2.890」の各項目にしたがって，法廷で起こりうる非常に多くの状況について，法廷通訳人がすべきことを具体的に解説している。特に通訳の正確性については，言語学の領域にまで踏み込み，原文への忠実性とはどういうものなのか，詳しく説明している。このような視点は，日本の法廷通訳倫理に対する認識をはるかに超えるものである。本書ではそれを軸に，必要な箇所を抜粋して紹介しながら解説していく。

　この3種の倫理規定のすべてに共通して盛り込まれている倫理原則は多いが，すべてに含まれているわけではない原則もある。以下，項目ごとに内容を詳しく紹介していく。

※本書全体を通して，英語の原文からの引用部分の翻訳は著者によるものである。

1 通訳人の資格に関する倫理原則

1-1. 米国の倫理規定

> **カリフォルニア州裁判所規則**
> (a) 資格の提示
> 通訳人は，自分の認定，訓練，関連した経験を，正確に，そして完全に提示しなければならない。

> **連邦裁判所通訳人行動基準および職務責任**
> 2：資格の提示
> 通訳人は，自分の認定，訓練，関連した経験を，正確に，そして完全に提示しなければならない。

> **NAJIT倫理規定および職務責任**
> 規範7　正確な資格提示
> 法廷通訳人および翻訳人は，自分の認定，認証，訓練，関連した経験を正確に提示しなければならない。

1-2. 解説

　アメリカでは法廷通訳人の資格認定制度があるので，認定，訓練，経験を偽ることなく正確に提示することが義務付けられている。日本は認定制度が存在せず，法廷通訳人は裁判官による面接を受けるだけで通訳人候補者名簿に登載されるため，資格そのものを提示することはできな

い。しかし，法廷で正確に通訳することを宣誓する際に，少なくとも，受けてきた訓練や通訳の経験について述べる手続きを今後導入することは可能なのではないだろうか。訓練としては，例えば，会議通訳者養成機関で何年か訓練を受けている，大学の通訳コースを修了している，などである。経験については，どのような通訳の仕事を何年間，あるいは何回行ったか，法廷通訳の経験はどの程度あるかなどである。このように，自らの通訳スキルや能力についてきちんと開示することは，通訳人としての信頼性を確立するためにも必要なことである。

　筆者がホノルルで傍聴した日本人が関わった民事裁判で，法廷通訳人の資質について当事者の一方の代理人が疑念を抱いた。それはその通訳人がハワイ州の法廷通訳人の認定を受けていなかったからである。しかし，その通訳人は長年日本企業で通訳の仕事をしており，そのキャリアで十分であると裁判官は判断した。実際に裁判の進行とともに，彼は完璧な日本語を操り，通訳のスキルも非常に高いことがわかったのである。法律家は，法廷通訳を必要とする裁判においては，常に通訳の質を確認する姿勢を持つべきである。質の高い通訳を求める姿勢は，公正な裁判を求める姿勢と同じものである。

1-3. 法律家のコメント──プロとしての「通訳人」

1　通訳を要する事件（要通訳事件）は日常的に日本の刑事裁判の場に登場する。法律家は，「通訳」(「翻訳」は異なる専門性を要する分野であり，ここでは特に断らない限り「聞く・訳す」作業について検討する)は医学・工学・理学などに準ずる社会科学・経験科学に裏付けられた専門性を要する作業であることを十分に認識する必要がある。特に刑事裁判の場における通訳は，「ボランティア」精神がカバーするべき領域ではない。専門的なトレーニングを十分に経た通訳人に委ねなければならない。

　しかし，残念ながら，今，刑事手続に責任を持つべき警察・検察・裁判所いずれの組織も，「司法通訳」の専門性を認めてそのプロフェッショ

ナリズムを確立することにはあまり関心を示していない。現段階では，刑事手続の各場面で必要な通訳を担える専門性を備えた専門家を養成して，その資格を認定しさらに継続研修を保証するシステムを構築するなど費用のかかる基盤整備に力を注ぐ様子はない。ひと言で言えば，「ある程度意味が通じればよい」という水準で要通訳事件を受けとめて，迅速に処理する「『通訳節約』司法観」がそれと気づかれることなく浸透している。

　だが，被疑者・被告人となった外国人にとって被疑者取調べから公判に至るまで，正確・迅速・公正な通訳が保障されなければ，各自の主張・弁解・説明を必要なときに必要な相手に的確・正確に伝えることが出来ず，また，警察・検察・裁判の各場面で何が行われているのか十分に理解できないまま手続が進行することとなる。むろん，それなりの力量のある通訳人が配置され，英語であれば話せる法律家がいるから，比喩的に言えば裁判に関する情報が被疑者・被告人から遮断される「暗黒裁判」にはならないが，「正確な通訳」に至っていないため，いわば「薄靄裁判」にとどまる危険なしとしない。

　これを防ぐためには，法律家自らが，外国人被疑者・被告人は十分な通訳を受ける権利を有するという譲れない権利を認識・理解して，その保障に務めなければならない。

2　我が国刑事訴訟法175条は，通訳に関して，「国語に通じない者に陳述をさせる場合には，通訳人に通訳をさせなければならない」と定めるが，これは当事者および証人などとなる者の権利としてではなく，証拠調べなどに関する訴訟指揮権のあり方を示す指針であって，そこには「職権主義通訳観」がにじみ出ている。

　しかし，今求められているのは，被疑者・被告人の権利としての通訳保障を考えることである。これに関連して，参考までに，障害者基本法1条は「全ての国民が，障害の有無にかかわらず，等しく基本的人権を享有するかけがえのない個人として尊重されるものであるとの理念にのっとり，全ての国民が，障害の有無によつて分け隔てられることなく，相互に人格と個性を尊重し合いながら共生する社会を実現する」ことを

目的とし，同3条はかかる社会の実現は，「全ての障害者が，障害者でない者と等しく，基本的人権を享有する個人としてその尊厳が重んぜられ，その尊厳にふさわしい生活を保障される権利を有することを前提」とし，そのために同条3号では，「全て障害者は，可能な限り，言語（手話を含む。）その他の意思疎通のための手段についての選択の機会が確保されるとともに，情報の取得又は利用のための手段についての選択の機会の拡大が図られること」を国・自治体の施策の基本方針と定める。

国際人権規約（B規約）14条の3は「すべての者は，その刑事上の罪の決定について，十分平等に，少なくとも次の保障を受ける権利を有する。(a)その理解する言語で速やかにかつ詳細にその罪の性質及び理由を告げられること。…(f)裁判所において使用される言語を理解すること又は話すことができない場合には，無料で通訳の援助を受けること」と定める。無料であると同時に実質的な通訳を権利として被疑者・被告人に保障するものである（「当事者主義通訳観」に立つと言える）。

3 これを徹底するためには，ごく実務的なこととなるが，個々の事件においては，通訳人選任のために行われる宣誓にあたり，裁判所の指名を鵜呑みにして，形式的に公判前整理手続または公判廷における宣誓の宣言をさせるのではなく，当該通訳人が通訳技法を学んだ学習歴（留学歴などの形式的なものでは足りない），刑事司法場面での通訳歴，その他の通訳歴など実質的に当該事件での通訳を依頼できる資質のあることを証明することを裁判所に求めるべきであろう（通訳人にそうした業績を含む履歴書を提出させればよく，プロの通訳人であれば常備している）。長期的・一般的には，司法通訳に関する資格認定とこれを支える通訳研修プログラムの確立によるべきであろう。

1-4. 日本の法廷での倫理―通訳経歴の提示

日本には法廷通訳人の資格認定制度がないので，日本の法廷では通訳人の「資格の提示」の場が存在しない。しかし，プロの通訳人であるなら，その能力やスキルを証明できる用意が必要である。

(1) 通訳人は，法律家の要請があれば，自らが受けてきた通訳技能のトレーニングについて，その年数や内容を提示しなければならない。また，直近3年間に行った通訳業務の内容（法廷通訳の場合は事例），時間数も正確に提示できるようにしておかなければならない。

2 通訳の正確性に関する倫理原則

2-1. 米国の倫理規定

> **カリフォルニア州裁判所規則**
> (b) 完全で正確な通訳
> 通訳人は潤色や省略, 編集することなく正確に通訳するために最高の技術と判断を尽くさなければならない。当事者のために通訳する際には, 通訳人は手続の全過程において述べられたことをすべて通訳しなければならない。証人のために通訳する際には, 証人の証言で述べられたことをすべて通訳しなければならない。

> **連邦裁判所通訳人行動基準および職務責任**
> 1: 正確性と完全性
> 通訳人は, 話されたことや書かれたことを, 変えたり省略したりせず, それに何も追加せず, 説明することなく, 使用された言語のレベルを保持し, 完全で正確な通訳や[1]サイト・トランスレーションをしなければならない。正確性を保つ義務には, 手続の間に通訳人が見つけた通訳エラーはすべて訂正する義務が含まれている。

---

[1] サイト・トランスレーション (sight translation)
原稿を目で追いながら, 同時に口に出して訳していく手法。「視訳」ともいう。

NAJIT 倫理規定および職務責任
規範 1. 正確性
起点言語の発話は，目標言語の構文や意味のパターンを調整しつつ，元のメッセージのすべての要素を保持することにより，目標言語に忠実に訳されなければならない。その訳出は目標言語で自然に聞こえなければならないし，追加，省略，説明，言い換えによる元のメッセージの歪曲があってはならない。あらゆる 2)垣根表現，3)不正スタート，繰り返しは，そのまま伝えられなければならない。また，他の言語に混じって使われる英語の単語はそのまま残されなければならないし，英語に直接的な等価物がない，あるいは，2つ以上の意味を持つ文化に規定された用語についてもそうあるべきである。起点言語の 4)レジスター，文体，口調も保持されなければならない。
推測は避けるべきである。話者が言ったことが聞こえなかった，あるいは理解できなかった法廷通訳人は，それを明確にすることを求めなければならない。通訳エラーは，記録に残すためにできるだけすぐに訂正されなければならない。

---

2) 垣根表現（hedges）
ぶしつけで直接的な表現にならないように，表現を和らげる言葉を付け足したりすること。
3) 不正スタート（false start）
本文 26 頁の詳しい説明参照
4) レジスター（register）
場面に応じて特徴的に現れる言葉づかい。話題，伝達手段，配慮，社会的立場などによって決まる。例えば，法廷で法律家が弁論をする際に使用される話し方など，一つのレジスターを形成する。

2-2. 解説

裁判の公正さという観点から，法廷通訳人にとって最も重要な倫理原則の一つが正確性の倫理である。意味の等価，法的意図や法的効果の等価，レジスター（注4参照）の等価など，通訳の正確性には様々な側面がある。カリフォルニア州の法廷通訳人倫理規定（「カリフォルニア州法廷通訳人職務基準及び倫理」）では，通訳の正確性について以下のように説明している。

※以下，「カリフォルニア州法廷通訳人職務基準及び倫理」を引用した箇所は網掛けにて示す。本書では2013年版を用いているが，引用の該当箇所のページを記載しておく。

あらゆる司法手続において，通訳人はその手続を「十分に誠実に通訳する」という宣誓を行ない，あるいは同様の趣旨の言葉を述べ，それを法廷記録に残さなければならない。法廷通訳人を任用する主な理由は以下である。

・司法手続に関わってくる英語を話さない人を，合理的に可能な程度まで，英語を理解する人達と同じ立場に置く。

・英語で書かれた手続の公式記録に，英語を話さない証人，被告人，その他その案件に参与することを許可された当事者によって別言語で述べられた内容が正確に反映されることを保証する。

裁判官や陪審員は証人の信用性と証言の相対的重みについて結論を出す際に，証言の通訳に全面的に依存するし，5) 検察官や弁護人も自分たちの言い分をどう展開していくか決めるときに同様のことをする。このことを覚えておくことは重要である。つまり，あなたは，自然な英語の文体，構文，文法が許す限り 6) 逐語的な

> 形態に近い形で，元のメッセージに含まれる情報の一つ一つの要素をそのまま訳出しなければならない。さらに，非英語話者の証人は，自分への質問を，簡略化，説明，省略なしに正確に聞く必要がある。同様に，通訳人を必要とする被告人は，自分の裁判手続を正確で完全な翻訳で聞くことなしに，[7)]自分自身の防御において効果的に弁護人を補助することはできない。　　　P.3

　上記のように，正確な通訳が必要なのは，裁判で使われる言語が理解できない人を，それを理解できる人と同じ立場に置くためと，裁判手続において述べられたことを公式記録に正確に反映するためであることがわかる。

　カリフォルニア州の倫理規定では，正確性の原則に関する説明が非常に充実しており，以下の項目ごとに具体的な注意点が詳述してある。法廷通訳の正確性は倫理原則の中でも最も重要なものなので，以下，それぞれについて，一部を引用しながら内容を紹介する。

---

5) 検察官や弁護人（attorney〔counsel〕）
　　本書では，英語の原文において attorney および counsel について，基本的に検察官・弁護人と訳出している。ただし，文脈に照らしていずれかを指すことが明白な場合には検察官または弁護人として訳出している。
6) 外国語の学習をした人なら分かることであるが，2つの異なる言語は単語対単語で対応させるのは難しい。通訳の場合も，逐語訳は不可能である。しかし，意訳を多く用いてわかりやすく伝える会議通訳とは異なり，法廷通訳の場合，正確性を期すために，できる限り逐語的に訳すことが求められる。
7) アメリカの法廷では被告人は弁護人と隣り同士に座り，いつでも話ができる。

1）追加

潤色

> 話者による不規則な話し方をスムーズにするためという理由であっても，決して通訳しているメッセージに何かを加えたり詳しく説明したりしないことは重要である。通訳人としてのあなたの役目は，当事者にとって起点言語（翻訳する前の送り手側の言語）よりも目標言語（翻訳した後の受け手側の言語）においてのほうが，より明瞭で論理的に聞こえるようにすることではない。多大な注意を払って適切な用語や話し方を選択し，常に話し手のスタイルを保持しなければならない。　　　　　　　　　　　　　P.3

　法廷通訳人は原文にないことを追加してはいけない。例えば，話者が法廷にふさわしくない話し方をしたからといって，通訳人がそれを自分がふさわしいと判断する話し方に変えたりすべきではない。

説明

> 時には，通訳人は，「行間に隠れている」，あるいは証人の返答に暗に含まれていると思われる言語情報を追加したい気持ちに駆られることがある。しかし，通訳人によって目標言語で伝えられる情報は，起点言語で受け取られる情報のみを正確に反映するものでなければならない。　　　　　　　　　　　　　　　　　　　P.4

　通訳人は，話者が単に「はい」と言ったのを「はい，そうです」と通訳してはいけない。元の発言に含まれていなかった情報を加えていることになる。また，証人が使った言葉に対して，通訳人が可能な訳語を2

つ出すことも不適切である。例えば「眼鏡」には2つの訳語が可能であるが，通訳人は「eyeglasses または spectacles」というように訳してはいけない。話者自身が二つの異なる用語の間で迷ったという意味を暗に伝えてしまうこともあるのである。2つの訳語が可能な場合，裁判所にそのことを伝えて判断を仰ぐべきである。

また，カリフォルニア州の倫理規定は次のように続ける。

> 一般的なルールとして，通訳人は法廷手続においては出しゃばらないようにするべきである。しかしながら，適切なコミュニケーションと証言の正確な記録を保証するために，手続に介入することが時には必要になる。　　　　　　　　　　　　　　　　P.4

たとえば，英語では，くるぶしから下が foot で，上全体が leg となり，両者を使い分けなければならないが，日本語の「足」は足全体を表現する言葉である。これが混乱を引き起こした場合，あなたは自分の通訳人としての役割を一時的に離脱したうえで，「裁判長，通訳人は『足』という言葉の使用に関する問題を説明してもよろしいでしょうか」と言って，介入してもよい。

お金の単位や度量衡の変換

> どのような状況下でも，通訳人は度量衡や通貨の単位をひとつのシステムから別のシステムへと変換することに関わってはならない。　　　　　　　　　　　　　　　　　　　　　　　　　　　　P.5

会議通訳の場合，度量衡の換算なども含めて訳すことが多いが，この倫理規定では，法廷通訳の場合は，発話者が言ったままを保持すべきであるとされている。もしその事件にとって度量衡や通貨に相当する単位

が非常に重要な場合には，検察官や弁護人が専門家を呼んでくるなりして，何らかの対応が取られるはずなので，通訳人が自分の判断で換算したりせず，言われたままを記録に残すことが重要だということである。日本語の場合，特殊な事情として，元号と西暦の変換の問題があるが，変換しないと理解されないと思われる場合は，裁判長の許可を得てから行うようにすべきであろう。

2）省略

編集

> 通訳人は宣誓の上で，裁判所，証人，被告人，あるいは検察官や弁護人によって述べられたことや，[8]陪審説示を含め裁判手続の中で言われたこと全てを通訳することを義務としている。この義務は，質問と答えを元の言語で述べられた内容のままに正確に伝えることや全ての異議を通訳することを含む。　　　　P.5

通訳人は原文にある情報を省略して訳してはいけない。

---

[8] 陪審説示（instruction）
　　陪審裁判において証拠調べと検察官側論告，弁護人弁論が終了した後，陪審が評議を開始するにあたり，当該事件の争点について判断するための法律適用などに関する説明が詳細に行われる。これを陪審説示という。例えば，「murder（謀殺）」で起訴された事件では，裁判官は謀殺について(1)被告人が被害者の死を生じさせる行為を行ったこと，(2)「事前の悪意」があること，(3)正当化事由がないことを検察官が証明していなければならない等と説明する。

第三人称への言及

> 通訳人を利用する人たちが，互いに直接話しかけるのではなく，「彼に…を言ってください」「…かどうかを彼に尋ねてください」といった文章を使うことは普通に起こる。彼らがそうした場合，あなたはそれを編集して，そのようなフレーズを使わない形に訳してはいけない。
> P.5

　通訳に慣れない人は，文字通り「通訳を介した」会話に陥りがちである。通訳人は，そのような場合，あたかも直接対話が行われたように訳出してはならず，あくまで言われたままに訳すべきである。そのような問題は裁判長が解決すべきである。裁判長が気づかない場合のみ，通訳人が注意を促してもよい。

言葉の繰り返し

> 繰り返しや重複は証人の証言を評価する際に重要な要素となる。あなたはどんな言葉であれ，明確性や簡便性のために足したり引いたりしてはならない。
> P.5

　もし，証人が起点言語で「私，私は，私は見ませんでした」と言えば，あなたは，単に「私は見ませんでした」と言うのではなく，できる限り原文の繰り返しを目標言語に反映して，証人の躊躇の気持ちを伝えなければならない。ただし，通訳人が事前に証人に対して，自分は言われたことをそのままの形で訳すということを伝えておかないと，証人はばかにされたと感じる危険があることを，この倫理規定は指摘している。また，吃音（どもり）は生理的なものなので，通訳がまねてはいけない。

重複

> 検察官や弁護人の質問やコメントには重複が多く，それが意図的であることがよくある。例えば，検察官や弁護人が『Did you watch and observe him at all times?（あなたは常に彼を見て，観察していましたか。）』と言った時には，あなたは重複しているように見える動詞を省略してはいけない。これは，法的な文脈においては特にそうである。そのような類義語が異なる意味合いを持っていたり，組み合わせとして使用されることが必要な法的理由があることもあるからである。あなたは目標言語に明確な等価物が十分存在しない場合は，使用されたあらゆる同義語を表現することはできないこともある。しかし，便宜のために言葉を省略するという傾向に陥るべきではない。あなたがそれらの言葉が実際には目的を持っていたことに気づくこともあるが，その時には，省略されたものを訳し入れたくても，すでに手遅れになっているかもしれないのである。　　　　　　　　　　　　P.6

　この点は法言語学的観点からも非常に重要である。法の言葉は通常の言語使用とは異なり，特殊な法的概念を表すことが多く，上記のような言葉の重複についても，単に重複しているのではなく法的意図が存在する。特に英語の場合，法律英語の世界では，同じような意味を持つ言葉を重ねて使用する頻度が高い。「final and conclusive（終局的かつ最終的な）」，「new and novel（新しく新たな）」のような例がある。このような表現に精通しておくことは，正確な通訳には不可欠である。

不正スタート

> 検察官や弁護人,証人も同様であるが,多くの話者は不正スタートを行い,その後で,述べたことを修正する。証人尋問を通訳する際に,裁判官や陪審員が証人の確信性や正確性の度合いについて結論を出すことができるよう,そのような自己訂正がすべて目標言語への通訳に含まれるようにすることは特に重要である。
>
> P.6

不正スタートとは,話しはじめる際の「出だしの失敗」のことである。何か言い始めたけれど,間違ったことに気づいて言い直すような場合や,「あのう」「ええと」などで文章をスタートすることが含まれる。話し手の発話にあるこれらの要素も訳出に反映すべきであるし,通訳人自身による不正スタートを訂正する際には,それが話者本人のものであるという誤解を招かないために「通訳人の訂正」であることをきちんと述べるべきである。

フィラー

> 人々は,自分の言いたいことを組み立てるための時間を稼ぐためや,沈黙を埋めるためにフィラーをよく使用する。検察官や弁護人は,「now(さて)」のような言葉を質問の始めに使うであろうし,証人は,「well(そうですね)」「to be honest(正直言って)」「quite frankly(率直に言えば)」などのような表現で答え始めるだろう。司法手続における通訳人として,あなたは,話者が使用したフィラーのすべてを目標言語に訳出する義務がある。証人の証言を通訳する際にそれらを訳すことは特に重要である。そのこ

> とが，9) 陪審員が証人の信用性を評価する際に役立つということを覚えておかなければならない。　　　　　　　　　P.6

　フィラーは話者の心の状態を知るカギとなることがある。何を言うべきか，どのように言うべきかを迷っている最中にフィラーが使用されたりする。それを省略すると，発言の印象が変わってしまうことがある。

3) 意味の変化

> 言葉の意味はそれが使われる文脈に左右されるということは，通訳人の間の共通の知識である。…中略…　したがって，意図された意味を確かめるために，どの言葉でも，それが使われている文脈について考慮することはきわめて重要である。もし，いくつかの意味のうちどれが意図されているのかについて自分自身疑問を持っているときには用心しなければならない。推測してはいけない。あなたがそのような懸念を持ち，明確にすることを求める必要がある場合は，問題となっている語や句を，法廷で使用された言語のままで記録に残すようにすることが常に望ましい。その際，法廷記録者のためにスペリングを教えるようにすべきである。
> 　　　　　　　　　　　　　　　　　　　　　　　　P.6～7

---

9) フィラーには「あのう」「ええと」などの言いよどみも含まれるが，法廷実験を用いた研究によると，通訳人がその種のフィラーを多用すると，被告人や証人の知性や信用性に対する評価が下がることが分かった。(詳細は，中村幸子・水野真木子 (2010). 「法廷実験：模擬裁判員の心証形成に及ぼす通訳の影響」『裁判員裁判における言語使用に関する統計を用いた研究』統計数理研究所共同研究リポート 237. 53-66 参照)

通訳人は原文の意味を変えてはならない。ある言葉が法的文脈で使われたときに，通常とは異なる意味を持ったりすることがあるし，他にも，分野によって特殊な意味で使用される言葉がある。例えば，日本語の「善意」や「悪意」は，法的にはそれぞれ「知らずに」「知っていながら」の意味になる。このような文脈による意味の違いを考慮することは重要である。また，同一の言葉が複数の意味を持つ場合，通訳人が自分の判断でその意味を選択してはいけない。意図された意味について発言者に問いただすかどうかは裁判官の判断に委ねるべきである。

4）レジスター

> 起点言語のメッセージを目標言語で表現するときに，あなたは，理解しやすくしたり，もっと社会的に受け入れやすくしようとして，そのレジスター（18頁注4参照），または言語のレベルを変えてはならない。…中略… 陪審員の前で証人の証言を通訳する際，10) <u>陪審員は証人の素養，知性そして信用性について，言葉の選択，文体，口調その他に基づいて一定の結論を引き出すのである</u>，ということを覚えておくことは重要である。これらの要素すべてを忠実に伝え，陪審員が証人の言葉を直接理解できた時と同様の印象を得られるようにすることが，あなたの仕事である。
>
> P.7

---

10) 筆者らが行った法廷実験によると，被告人や証人の同じ証言を通訳人が異なった文体で訳すと，その文体によって被告人や証人に対する聞き手の評価が変わることがわかった。丁寧な文体で訳すと，被告人の知性や信頼性に対する評価が高まり，ぶっきらぼうに話したり，言いよどみの多い話し方をすると，その評価が下がることが明らかになった。多くの場合，通訳人の言葉は証言者の言葉と同一視されることもわかっている。（詳細は中村幸子・水野真木子 2010〈前述〉参照）

通訳人は原文のレジスターを保持しつつ訳さなければならない。通訳人は，証人が理解できるとは思わないからという理由で，法律家の質問の高度なレベルを証人のレベルに下げようとしてはならない。証人が質問を理解できなくても，それは通訳人の責任ではない。それを何とかするのは検察官や弁護人の責任である。また，証人の話し方は，陪審員や裁判員にとって非常に重要な判断材料になる。通訳人が原発言とは異なるレジスターで訳すと，誤った心証形成につながることになる。

5）慣用表現

> 慣用句（idiom）とは，それに含まれる単語を集合した意味以上の意味を持つ句のことである。…中略…　あなたはいつも，目標言語で等価な慣用表現を用いてそれらを訳そうと努めるべきである。
> P.7

　正確な通訳とは逐語訳の通訳ではない。慣用表現や特殊な言い回し，ニュアンスは目標言語でその等価表現を探す努力をしなければならない。慣用句などを逐語訳すると意味が通じなくなる。例えば，日本語で「あなたは，毒を食らわば皿まで，というような心境だったのですか」「それは私にとって寝耳に水でした」のような表現をそのまま直訳しても意味は伝わらない。通訳人は，起点言語と等価な表現を目標言語で見つけなければならない。もし，それに相当する慣用表現が目標言語になければ，意味が伝わるように普通の表現に置き換えて訳すべきである。
　もし，通訳人自身がその慣用表現の意味が理解できないような場合は，自分はそれを直訳するしかないということを裁判長に告げ，そのままの形で記録に残すべきであると，カリフォルニア州の倫理規定には述べられている。その意味を追求するのは裁判官や検察官，弁護人の仕事である。

また，辞書で調べたり，もう一人通訳人が任命されているような場合は，その人に尋ねるなどの方法もある。通訳人同士で助け合う状況について，倫理規定は以下のように述べている。

> あなたが証言台で仕事をしている最中に，ある表現に困惑したとき，同じ法廷にいる他の通訳人が非常に貴重な助けとなることがある。時には，彼らが自分の裁量でそのような助けを自発的に行うことがある。例えば，あなたの記憶を刺激するために，目標言語でその言葉を口の動きであなたに伝えたり，それを書きとめて，自分たちがいるところから目立たないようにそれを見せるなどである。しかし，もしあなたが完全に途方にくれたら，証言台から降りて，もう一人の通訳人と静かに相談する許可を裁判官に求めることもできる。あなた方二人がその言葉についての合意に達した場合，席に戻って通訳を続けることになる。もし正確な通訳についての疑問が残ったら，裁判官に伝えなければならない。
>
> P.8

　ここに述べられているように，通常，通訳人がペアで仕事をするとき，相手の間違いの指摘をしたり，訳語を教えたりする際，自分自身が声を出すのは間違ったやり方である。声を出すのは実際に通訳作業に携わっている通訳人のみであり，補助は声を出さずに行うのが正しいやり方である。日本の裁判では，通訳の最中にしばしば，別の通訳人が声を出して誤りを指摘したり，何かを教えたりすることがある。これは相手の顔を潰すことになり，会議通訳などでは決して行ってはいけないことの一つである。

諺

> 諺とは，常識に基づいた真実を表現する通俗的な言い回しや有益な見解のことである。通訳者はこれらの通俗的な言い回しを含む発言を通訳するという難しい仕事に時々直面する。事実上，あらゆる文化に豊かな諺の伝統がある。諺の中には，他の言語の諺にぴったり当てはまるとは限らないものがある。…中略… 可能なときはいつでも，目標言語での等価な諺を使うように努めなければならない。しかし，あなたがそれを使うのが正しいと確信した時だけである。
> もし，等価な諺が存在しない，あるいはあなたがそれを思いつかない場合は，言い回しを文字通りに翻訳しているということを述べたうえで，ただ直訳すべきである。　　　　　　　　　P.8

　諺は，慣用表現と同様に，その文化特有のものが多く，直訳しても意味が通じない。まず目標言語での等価表現を探し，見つからなかったら文字通りの直訳をする。自分の判断でいい加減な訳出をすると大きな誤解につながり，裁判の公正性が損なわれることにもなる。しかし，自分が直訳していることをきちんと述べた上で行わないと，聞いている方は，なぜ意味がわからないことを通訳人が言っているのか理解できない。証人や被告人がことさら意味のわからないことを言っているのだと誤解される可能性もある。

比喩的言語

> 11) 隠喩や直喩のような比喩的言語は，一つのことを，普通は別のことを意味するが，類似であるとみなされる言葉で表現する。…中略… 通訳の基本的な焦点は，個々の言葉ではなく意味を伝

> えることであるから，常に目標言語の等価な表現を使うように努めなさい。あなたが確信を持てない場合は，辞書で調べたり，他の通訳人と相談したりする時間を要求すべきである。　　　P.9

　この倫理規定では，比喩的表現はそのまま直訳しても聞き手はそれが比喩であることを容易に理解するので問題ないことが多いとしているが，迷う時には裁判長の判断を仰ぐことが重要である。

ニュアンス（語彙選択）

> 意味のニュアンスは法廷での証言においてはきわめて重要である。[12]ある研究によると，語彙選択における微妙な違いが，車が走っていたスピードについての証人の記憶を大きく変えることがわかった。事故を説明する際に選択した動詞によって記憶が左右されたのである。例えば，「hit（当たった）」「smashed（大破するほど強くぶつかった）」「collided（衝突した）」「bumped（ドンと突き当たった）」「contacted（接触した）」というような動詞が使われたが，車が「smashed（大破するほど強くぶつかった）」のはいつだったかというように尋ねられた証人は，事故の時の車のスピードを速く見積もり，実際にはなかったにもかかわらず，割れたガラスを見たという記憶を持つ傾向を示した。したがって，非

---

[11] 隠喩や直喩（metaphors and similes）
　直喩は「○○は●●のようだ」というように，「ようだ」「ごとく」などの表現を使うが，隠喩はそれを使わない。例えば「君は太陽だ」のような言い方。
[12] ロフタス＆パーマーの実験
　Loftus, Elizabeth F. & John C. Palmer (1974) Reconstruction of automobile destruction: An example of the interaction between languages and memory. *Journal of Verbal Learning and Verbal Behavior* 13, 585-9

> 常に注意深く，起点言語の意味を正確に厳密に反映するような目標言語の言葉を選択しなさい。　　　　　　　　　　　　　　P.9

　通訳者が同じ言葉に対し，異なるニュアンスを持つ訳語を選択すると，聞き手に異なる心証を与える可能性があることは，筆者らが行った実験によっても明らかになっている（詳細は，中村幸子 2013「法廷実験の統計学分析」『愛知学院大学文学部紀要』42 号 89-98 参照）。被告人の同じ行為を「取った」と訳すのと「奪った」「引ったくった」と訳すのとでは，聞き手に与えるイメージが異なるのである。

罵り言葉（卑猥な言葉）

> もし証人が汚い言葉を使ったり，裁判で不利になるようなことを言ったりした場合は，あなたはその害になる言葉を編集してカットしてはいけない。元の意味を保持しながら，聞いたことをそのまま通訳しなければならない。陪審員が証人の証言の仕方に基づき，証人の正直さや信用性について判断するのだということを覚えておかなければならない。　　　　　　　　　　　　　　P.9

　筆者らは，傷害事件の現場で被害者が被告人に言った罵詈雑言を目撃証人に証言させ，それを事前に何も知らされていない通訳人に通訳させるという実験を行ったことがある。通訳人は聞くに堪えないような罵詈雑言をそのまま正確に訳すことができず，大幅にそのニュアンスを変えてしまった。その結果，模擬裁判員は，大して悪いことをしていないのに被告人に刺された被害者を気の毒だと感じた。通訳人は，「汚い」言葉はそのまま「汚く」訳すことが求められる。

6) 断片的な話し方

> 法廷での証言は，いつも台本に従うように論理的に進行するとは限らない。証人は，しばしば不明瞭に話す。…中略… 漠然として曖昧な陳述は，言われずに終わった部分に当てはまる代名詞，前置詞，動詞を選択するためにはもっと情報が必要なので，別言語に通訳するのは難しい。あなたは陳述を明瞭にするためのどんな情報も自分独自で追加することなく，原文と同じように断片的な通訳をするために最大限の努力をしなければならない。　P.9

一貫しない話し方は，目標言語にそれをそのまま反映させなければならない。

支離滅裂な証言

> 通訳人にとって，証人の言ったことがいくら非論理的であっても，見当違いであっても，曖昧であっても，あるいは不完全であっても，それをそのまま訳出するためにあらゆる努力をすることは重要である。しかし，時には，文脈がないので，これが言語的にまったく不可能であることがある。そのような場合は，あなたはそれを通訳し始める前に，証人にその陳述について明確にしてもらう必要があることを，裁判所に告げなければならない。
> P.10

質問に対して答えになっていない証言

> 法廷通訳人として，あなたには，証人の答えになっていない答えを，他の返答と同様に正確に訳す責任がある。裁判所に対して適切な申し立てや要請を行うことは，検察官や弁護人に任せておくべきである。
> P.10

上記のように，カリフォルニア州の倫理規定は，一貫性のない発言を訳す際に，通訳人は，自分の判断で整理したり補ったりすることで発言に一貫性を持たせるようなことはせず，言われたまま断片的に訳すようにしなければならないとしている。どうしてもそのような訳出ができない場合は裁判所の判断に任せるべきである。法廷で話される内容を明確にするのは通訳人の仕事ではなく，法律家の仕事である。

7）声の調子と感情的な含み

証人や検察官，弁護人が示す感情

> 陪審員は，証人が表現する怒り，恐怖，恥，興奮のような感情をはっきり理解する必要がある。人々は，言葉によってのみではなく，顔の表情，姿勢，声の調子，その他の表出によっても感情を伝える。これらの非言語的な表現手段は非常に緊密に文化と言語と結びついている。したがって，人々が同じ言語を話さない場合，メッセージに含まれる感情を誤解することがある。法廷通訳人は，適度の声の抑揚によって，この感情の要素を保持するよう努力しなければならない。例えば，反対尋問に当たる検察官や弁護人が証人に圧迫を与える時には，あなたの声の調子はその力を伝えねばならない。そして，証人がおどおどして質問に答えるなら，

> あなたの声の調子はその臆病さを伝えねばならない。しかし，どんな形であれ，芝居がかった表現は控えなければならない。通訳人は俳優ではないし，注目の的になるべきではない。また，通訳人は，それが証人の口調の正確な反映でない限り，自分の声に感情的な効果や変化を全く入れずに話してもいけない。解決のカギは，適度であることである。　　　　　　　　　P.10

　発言者の感情は訳出の口調などに反映するが，表現は適度に抑えるべきである。通訳人は感情的には中立性を保つ必要がある。

通訳人が示す感情

> 陪審員は，証人の信用性を判断するべきであって，通訳人から手がかりを得るべきではない。あなたには，自分が通訳している当事者たちの反応のみを表現し，感情的な中立性を保つことが，絶対に必要である。　　　　　　　　　　　　　　　　　P.10

　このように，発言に含まれる感情的な要素は，発言者本人を見ていればある程度わかるので，通訳人がことさらオーバーにそれを表現する必要はない。身振り手振りを加えて表現する必要もない。そのようなことをすると，元の発言が必要以上にインパクトの強いものになってしまいかねない。通訳人は，その口調に元の発言の感情的含みを反映させる程度でよい。

8）非言語コミュニケーション

証人のジェスチャー

> 証人はしばしば自分が意味することを伝えるために，手の動きやジェスチャーを用いる。これらのジェスチャーは，文化に規定されていることもあれば，個人的な習慣の場合もある。
> しかし，法律上の証言の限界は，証人の証言記録として法廷記録者によって書き留められるためには，口頭でなければならないということである。証人が使用したジェスチャーを再現したり，目標言語の文化における等価物と置き換えようと試みてはいけない。それは証言に間違った特徴付けをしてしまう可能性があり，単に物事を複雑にするだけである。そうではなく，ただ証人の言葉を通訳すべきである。
>
> P.11

　通訳人は証人などのジェスチャーを勝手に言語化してはならない。通訳人自身も不用意なジェスチャーは控えねばならない。通訳人はジェスチャーを解釈してそれを自分の判断で言語化してはならない。証人が体の一部を指差して「ここ」と言ったら，通訳人はその場所を言語化するのではなく，目標言語で単に「ここ」と訳すのである。明確化が必要な場合は，検察官や弁護人が「そのジェスチャーは何を意味するのですか」というように証人に尋ねるべきなのである。また，証人のあるジェスチャーが非常に重要な意味を持ち，そのジェスチャーに他の誰も気づかないような場合は，通訳人が裁判所の注意を喚起してもよいが，どのように明確化するかは法律家が決めることである，とカリフォルニア州の倫理規定には述べられている。

通訳人によるジェスチャー

> あなたは証人の証言を貶めることになる可能性があるジェスチャーや手の動きはすべて控えなければならない。このことは，いくら強調してもしすぎることはない。例えば，証人が答えになっていない返答をした時にいらいらして[13]目をギョロギョロさせたり，証人が質問に対して部分的な答えしかしなかったのは自分のせいではないことを示すために肩をすくめたりしてはいけない。ましてや証言の真実性に関するあなたの判断を伝えるおそれがあるようなことは決してしてはいけない。通訳人の役割は，プロらしく，中立性をもって，慎み深く，言語の壁がないかのように裁判手続が進行することを可能にする手助けをすることであるということを，あなたは常に覚えておかなければならない。
>
> P.11～12

　通訳人のジェスチャーに，証人や被告人に対する評価が反映されていると，それを見ている陪審員や裁判員の心証に影響を及ぼす。陪審員や裁判員は，外国語の証言を訳している最中の通訳人に注目するものである。言語の専門家であり，証言を直接聞いて理解している唯一の存在である通訳人はその証言についてどう思っているのだろうという興味を持つ人も多い。そういう意味で，通訳人がジェスチャーなどに自分の判断を反映してしまうと，そのこと自体が事実認定者を誘導することにつながりかねないのである。

---

13) イライラしたり，馬鹿げているということを示したいときに行う，目をぐるりと動かす動作。

9）曖昧さ

> 「追加」の項目の「明確化」の部分ですでに述べたように，多くの言葉は，文脈に応じてその意味が変化する。聞き手が状況についての十分な情報を持っていないため，ある言葉の意味が曖昧になることが時々ある。…中略…　通訳人として，あなたは通訳する前にそのような言語的な曖昧さをはっきりさせなければならない。…中略…　そして，必要な時にはもっと情報を求める心構えを持たなければならない。　　　　　　　　　　　　　　　　　P.12

　通訳人は曖昧な原発言を勝手に明確にしてはならない。日本語も非常に曖昧である。単数や複数が明示されなかったり，主語や目的語が省略されたりすることも多い。他言語に正確に通訳するには，状況についての情報が必要である。勝手な判断で不明な部分を補ってはいけない。

曖昧さの保持あるいは明確化

> 曖昧さが意図的であることもあるので，あなたは目標言語でそれが可能なら，曖昧さを保持するよう努めるべきである。　　P.12

> 検察官や弁護人の質問を正すのは通訳人の仕事ではないことを覚えておかなければならない。質問が漠然としていたり曖昧であったりする場合，異議を唱えるのは相手側の検察官や弁護人のすることである。もし異議が出なかったら，質問を前述したように通訳しなさい。問題が深刻な障害を引き起こさないのであれば，あ

> なたは介入してはいけない。　　　　　　　　　　　　　P.12

　はっきり答えたくない時など，発言を意図的に曖昧にする場合もあるし，検察官や弁護人が法廷での言語戦術の一つとして，質問を曖昧にすることもある。そのような場合，通訳人が勝手に明確にしてしまうのは通訳人が話の流れをコントロールしてしまうのに等しい。起点言語における曖昧さは目標言語でもそのまま保持されるべきである。

10) 二重否定

> 経験の豊かな通訳人であれば，二重否定を含む質問は証人を混乱させ，曖昧な答えを引き出してしまうということを知っているものである。…中略… その質問は曖昧な答えを引き出してしまうだろうということを検察官や弁護人に伝えたり，答えに元々含まれていない要素を付け加えたりして返答を明確化するのは通訳人の責任ではない。あなたは起点言語で尋ねられたように証人の言語で質問を訳出し，証人の返答をそれが言われたとおり，簡潔に手短に通訳しなければならない。相手側の検察官や弁護人は質問の形態について異議を申し立てることができるし，裁判官は質問を言い換えるように検察官や弁護人に命令することもできる。
>
> 　　　　　　　　　　　　　　　　　　　　　　　　　P.12〜13

　通訳人は，二重否定はできるだけそのままの形で訳すべきである。日本の裁判でも，検察官や弁護人が質問や尋問の際に二重否定疑問文を使うことは多い。近年では，なるべく二重否定で質問しないように心がけている法律家も多いようであるが，それでも二重否定疑問文はよく使用

される。その理由は，そのほうが自分の望む答えを引き出しやすいとか，質問が柔らかく響くなど様々である。しかし，多くの場合，法律家は，半ば無意識に二重否定疑問文を使っているようである。

　筆者が大学や大学院で通訳を学んでいる学生やプロの通訳者を対象に行った実験では，二重否定疑問文は通訳者を混乱させ，正しく通訳できない確率がかなり高いことがわかった。通訳を介した質問では二重否定をなるべく避けるよう，話者が努力すべきであるが，実際に二重否定に遭遇した場合，通訳人は，やはりそのまま訳す努力をすべきである。どうしても訳せない場合を除き，二重否定は肯定と同じだという意味で肯定文に変えてしまうようなことはしてはならない。それによってニュアンスが変化してしまうのである。

11）質問と答えの読み返しと繰り返し

読み返し

> 証人尋問の際に，あなたが検察官や弁護人の質問を理解できないか，質問の一部を，あるいは正確にどんな質問のされ方だったのかを忘れてしまった場合は，法廷記録者に質問を読み返してもらうか検察官や弁護人に繰り返してもらうよう要請すべきである。通訳していて何か問題が生じたときはどんな時でも，裁判長に話しかけ，問題を示し，それを解決する許可を得るのが正しい行動手順である。
> 　　　　　　　　　　　　　　　　　　　　　　　　P.13

　日本の法廷では，通訳人は，法廷で話された内容がよく理解できない，あるいは忘れてしまった時は，まず話し手である証人や被告人などに尋ねるのが一番効率的である。そのような場合，話し手に尋ねてもよいか，まず裁判長の許可を求めるべきである。話し手も一言一句そのまま記憶しているわけではないので，裁判員裁判の場合には裁判長が必要がある

と判断すれば，法廷で録音録画を再生するように指示する場合もある。

繰り返し

> 法廷で言われたことをすべて通訳することが必要なため，多大な要求が通訳人に課される。時にはあなたは使用された言葉を知らないこともあるし，誰かが言ったことが聞こえていないこともある。意味されたかもしれないことを推測したり，うまくごまかして切り抜けたり，問題となっている言葉について注釈をつけたり，メッセージのはっきりしない部分を省略したりしてはいけない。常に，状況について裁判長に伝え，それを解決するための許可を求めなさい。聞こえなかった，あるいは発話全体を記憶に保持することができなかったという理由で，証人が言ったことにあなたが確信を持てない場合は，証人に繰り返し言ってもらうための裁判所の許可を求めなければならない。　　　　　　　　P.13

　日本の法廷でも，よく把握できなかった発言内容は，勝手に推測したり省略したりせず，きちんと確認してから訳さなければならない。その場合，発言者に繰り返しを求める必要があるが，それも裁判長の許可を求めてから行うべきである。時々，通訳人が勝手に，発言者に「今の質問をもう一度お願いします」と言って繰り返しを求めたり，外国語を話す被告人や証人に，発言内容について確認したりすることがあるが，そのような行為はしてはいけない。どんな場合も，最初に裁判長の許可を得ることを忘れてはならない。

12）誤り

検察官や弁護人の誤り

> 検察官や弁護人は，自分たちの主張の展開について頭が一杯になっており，次に行う一連の質問について考えているので，証人に話しかける際に別の証人の名前を言ってしまったり，証人を依頼人の名前で呼んでしまうことがあるし，複数の日付が関わっているときは特に，質問の際に間違った日付を述べてしまうこともある。このように言い間違いをすることは珍しいことではない。あなたは通訳する際に，決して間違った名前や日付を訂正してはならない。また，検察官や弁護人に対してその間違いについて注意を喚起することも，一般的には得策ではない。あなたの仕事は質問で言われた通りに名前や日付を述べることである。誤りは最終的には気づかれて，何が混乱を生じさせたか，はっきりと記録に残される。
>
> P.13〜14

通訳人は，検察官や弁護人が気づかずに言い間違いをしたような場合も，それをそのまま訳す必要がある。誤りを修正したり，間違いを指摘したりするのは通訳人の仕事ではない。

他の通訳人による誤り

> もし証人尋問にあたっている通訳人が，証人の証言の重要な部分を省略したり変えたりするような，深刻で重大な影響を及ぼしうる間違いをするのをあなたが聞いたなら，まず，その通訳人か検察官や弁護人がそれを疑問視するかどうか確認しなければならない。もしそうならない場合は，あなたが遅滞なく介入することは，

> 誰にとっても利益となる。しかし，それによって混乱が起こらないよう，できるだけ工夫をするべきである。　　　　　　P.14

　複数の通訳人がいる場合，互いにチェック機能を果たすことができる。そして，通訳の誤りは必ず正されるべきである。ただし，前述したように，法廷で大きな声で間違いを指摘したり訂正したりすることは避けなければならない。もう一人の通訳人の顔を潰すことになるし，萎縮させることにもなる。カリフォルニア州の倫理規定は以下のように述べている。

> あなたは，通訳人同士で話し合う時間を持ちたいと，丁重に要求してもよい。裁判長の許可を得たら，もう一人の通訳人に近づき，丁寧な態度で，自分が聞いたことを他に聞こえないように小声で伝えるべきである。もう一人の通訳人がそれが誤りであったことを認めれば，あなたはただ自分の場所に戻り，もう一人の通訳人に自分で適切な訂正をして記録に残すようにさせるべきである。何か疑問があったり意見が一致しなかった場合，次にすべきことは，裁判官および検察官と弁護人の両方との[14]サイドバー（裁判官席打ち合わせ）を要請することである。実際，裁判官は，通訳人同士が二人で話し合うよりも，両方の通訳人と検察官，弁護人をサイドバーに直ちに呼んで，陪審員に聞こえないところで問題を解決することを好むことがある。　　　　　　P.14

　このように，間違いについて指摘する場合も，もう一人の通訳人だけに聞こえるようなやり方をし，決して法廷全体に聞こえるような形で行ってはいけない。通訳人の間で意見が一致しない場合も，陪審員や裁

判員に聞こえないように，サイドバーで話し合うようにするなどの工夫が必要である。また，最終的に誤りを訂正するのは，実際に通訳作業をしている通訳人であり，別の通訳人は自ら声を上げて訂正するなどの出しゃばった行為をすべきではない。

自分自身の誤り

> あなたが通訳において重大な誤りをしたことに気づいたときはどんな時でも，誤りが明らかだとわかり次第，記録を訂正しなければならない。例えば，その後の証言から，可能な訳語がいくつかある単語が誤訳されたことがはっきりした場合，機会があればすぐに，それを裁判長に言いなさい。　　　　　　　　　　　　P.14

　通訳人は，原発言における誤りを勝手に訂正してはいけないが，自分自身や別の通訳人による通訳上の誤りは，適切な方法で訂正しなければならない。誤りは出来るだけ早く修正されるべきである。また，正確な訳出について疑問がある場合は，裁判長に伝えた上で，辞書などで調べたり，もう一人の通訳人と相談したりするなどして，正確性を保証できるように最大限の努力を払わなければならない。

---

14) サイドバー（side bar）
　　アメリカの法廷で公判進行中，裁判官と弁護人・検察官が裁判官席で記録に残さない形で，また陪審員と傍聴人には聞こえないようにして行なう意見交換をいう。なお，公判廷では検察官・弁護人は「裁判官席に伺ってもよろしいですか」（"May I approach the bench?" あるいは "May I approach.?"）と許可を求めるのが通常である（理由のひとつは，裁判官席は神聖な場所とされており，開廷中当事者が接近するのには許可を要すると考えられている）。
　　裁判官席を仕切る「横木（sidebar）」のところで行われた事から，こういう呼び方をする。日本の法廷ではこのような運用はない。

13) 知らない言葉の解明

> 知らない言葉の意味を決して推測してはならない。あなたは辞書を携帯し，証言台にもそれを持って行って調べることができるようにするべきである。　　　　　　　　　　　　　　　　　　　　P.15

　通訳人は知らない言葉の意味を勝手に推測せず，正確な意味を解明する努力をしなければならない。わからない言葉がある場合は，何とかしてそれを解明する必要がある。参照のツールとしては，近年では，辞書以外に iPhone やスマホなどを使用する通訳人が増えている。そういうものを使用する場合は，事前に裁判所にその旨を伝えておいたほうがよい。パソコンを使用する通訳人もいるので，そういう場合は，パソコンを置く許可も必要である。また，別の通訳人がいる場合は，裁判長の許可を得た上で，わからない言葉について相談することもできる。あるいは，裁判長の許可を得た上で，発言者自身に言葉の意味を尋ねるという方法もある。その際のやり取りが外国語であった場合は，その内容を法廷で報告しなければならない。

14) 文化に規定された言葉

> 文化に規定された言葉とは，その言語に結びついた文化に独特の言葉である。法的概念，親族を表す言葉，食べ物の名前，呼びかけの形態は，文化に規定された言葉の例である。それらは，目標言語にその意味を伝えられる単語を見つけることが難しいので，通訳人に独特のジレンマを感じさせる。ある特定の句の直接的等価表現が目標言語で容易には見つからない場合，通常，それを起

> 点言語のまま残し，そのスペリングで記録に残すのが最も適切である。混乱が生じた場合，裁判官に，証人が直接的等価表現を持たない言葉や句を使用したことを伝えなければならない。　P.15

　文化に特有の表現は，目標言語で直接的な等価表現を見つけるのが難しいことが多いが，目標言語の文化的状況における等価表現を探す努力をする必要がある。等価表現が見つからない場合は，自分で勝手に説明を試みたりせずに，そういう事情を裁判長に伝え，原文のまま残すことが最良の対応策である。

　また，筆者らが行った実験では，裁判での外国語の謝罪の言葉を直訳した場合と，日本語として自然な表現に訳した場合とでは，後者のほうが謝罪の気持ちが聞き手に伝わることがわかった。（詳細は Mizuno, M., Nakamura, S., Kawahara, K. (2013) "Observations on How the Lexical Choices of Court Interpreters Influence the Impression Formation of Lay Judges". *Kinjo Gakuin Daigaku Ronshu, Studies in Social Science.* Vol. 9. (2). 1-11 参照）文化に規定される表現は，そのまま訳した場合，意味は伝わってもニュアンスが伝わらないことがある。目標言語の文化において等価な効果が上げられるような表現があれば，そのように訳すことも重要である。

15）証人が使った英語の繰り返し

> あなたは文字で記録を残すために証言を通訳しており，法廷記録者は一般的に，証人の声ではなく，あなたの声のみを聞いているのだということを心に留めておくべきである。したがって，たとえ証人が英語で答えても，あるいは通訳を必要とすることなく誰

> でも理解できる名前を述べても，あなたは記録のためにそれを繰り返して言わなければならない。　　　　　　　　　　P.16

　証人が外国語ではない言葉で話した場合，通訳人はそれを繰り返して言わなければならない。日本の法廷で，外国語を母語とする証人や被告人が日本語を使った場合，通訳人はそれを繰り返すことで記録に残るようにしなければならない。

16）証人からの質問

> 通訳された質問を理解しない証人は，それをはっきりさせるために，頻繁に通訳人に質問をするだろう。　…中略…　あなたはその質問に自分で答えてはならない。証人と会話をしているように見えることは望ましくないので，ただ質問を英語に訳しなさい。もしこれが続くようなら，裁判官は，通常，必要に応じて証人に指示を与える。　　　　　　　　　　　　　　　　　　P.16

　証人や被告人が質問の意味がわからないような場合，通訳人に直接尋ねることがある。通訳人は，これに答えてはならない。通訳人に対する証人からの質問は，それに答えず，そのまま訳すべきである。通訳人の仕事は言われたことを訳すだけなので，自分に尋ねられた質問も，そのまま訳すべきである。通訳人は法廷で，証人や被告人と個人的会話をしてはならない。

17）通訳人の述べた内容の特定

> あなたが通訳人としての立場から，自ら記録に残ることを何か述べる際，あなたが今は通訳人として自分で話をしているのであって，もう証人の証言を通訳しているのではないということをはっきり示すために，役割が変わる時に少し間を置くことは重要である。正式な法廷手続においては，通訳人が第三人称で自分に言及することは普通の慣行なので，通訳人たちが自分自身の立場で話しており，証人の言葉を通訳しているのではないことは，記録上明白である。[15] デポジションのような，法廷外のあまり形式化されていない場でも，このことはやはり標準的な慣行であるが，通訳人は単に，少し間を置き，少し声の調子を変えたうえ，第一人称で話すようにする。この場合，自分自身を指すジェスチャーをしながら，例えば『私は，証人は通訳人のことを言っていたのだと思います』のように言うことも可能である。　　　P.16

　通訳人が訳すことから離れて何かを述べる必要が生じることがある。通訳人にしかわからないことを説明する必要に迫られることもある。その場合は，それまでの役割と異なる役割を帯びるということがわかるようにしなければならない。通訳している際には通訳人が自分自身に言及するときは「通訳人は」と第３人称を用いるのが普通であり，自分自身が何かを述べる際には「私は」と第１人称を用いることになる。

---

[15] デポジション（deposition）
　　裁判の準備として弁護士が事件関係者の供述を記録する手続または作成される書面を意味する。供述の証拠として内容はすべて記録され，裁判まで進むことになれば，その供述内容が実際の公判で使われることがある。

18) 通訳に対する異議

> あなたへの異議があったら，礼儀正しいプロらしい振る舞いでそれに対応しなさい。それを個人的な侮辱だとみなしてはいけない。自分が間違っており訂正に同意するなら，あなたは記録を訂正しなければならない。提案された訂正が受け入れられない場合は，自分の元の訳出を維持するべきである。あなたは，必要なら自分の理由を説明してもよいが，自分を守ろうとむきになってはいけない。
> P.17

　日本でも，通訳に関連する異議が法廷で出されることがある。検察官や弁護人は，証人尋問や被告人質問にあたり，事前に供述録取書その他の証拠を読み込み，証人，被告人との打合せも行っている。またある程度外国語を理解できる場合もある。このため通訳内容が事前の準備と矛盾するなどしている場合，異議を申し立てることがある。この場合，米国で言われているように，まず，通訳人としては，自分が個人的に攻撃されたと思うのではなく，自身の通訳を冷静に振り返り，その正否を判断する必要がある。但し，通訳を点検する作業などすべて裁判長の指示を待って，これに従って行うことになる。

19) 証人への義務

> 裁判の被告人以外の人の証言を通訳するときには，被告人自身の供述の際と同じように，裁判手続中の異議やその他に述べられたことすべてを，[16.]証人のために同時に通訳する義務があなたに

> は課されている。通訳人の存在は，検察官や弁護人，裁判所，あるいは陪審員にとって利益になるだけでなく，英語を話さない証人を，もし彼らが英語を話し理解すると仮定した場合とできるだけ同じ立場に置くためでもあることを心に留めておかなければならない。しかし，裁判長があなたに対し，異議（または法廷で言われる他のこと）を証人に通訳しないよう指示するときもある。異議が出されたので，異議が認められた対象である証人の答えのどの部分も通訳しないようにと，裁判長が指示する時すらある。もし，こうした状況のひとつが生じた場合，あなたは法廷で最後に決定を下すのは裁判官であることを心に留め，その要請に従わなければならない。　　　　　　　　　　　　　　　P.17

　日本の場合，裁判の進行に関する手続について裁判長，検察官，弁護人など法律家が取り決める話し合いが進行中のときに，日本語を解さない被告人に通訳人が同時通訳でこれらのやりとりを通訳する運用はなされていない。証人尋問や被告人質問の際に異議が申し立てられた場合，その処理について法律家が話し合っているときも同じである。
　いずれも，裁判長は，「通訳人，一度通訳を止めてください。被告人にはあとでまとめて説明すると伝えてください」と指示するのが通常である。その後，手続事項や異議の処理に関する法律家間のやりとりが終了した後に，裁判長が「通訳人，次のように被告人に伝えてください」などと結論のみ伝える運用となる。通訳人は，裁判長の命令する範囲でその指示する方法により通訳をする責務を負い，またその範囲で職責を果たせばよいので，これに従って適切・正確な通訳を実施することとなる。

---

16) アメリカの場合，ずっと英語で話される部分は同時通訳で被告人や証人に伝えるという形が取られる。

2-3. 法律家のコメント──「正確な通訳」

1 法律家は，被告人が犯罪を行ったか否かを解明し，被告人が有罪であれば量刑に影響を与える事情の有無も公判廷で解明しなければならない。時に会話のやりとりは，日常生活とはやや異なる表現と文法に満たされる。

 ア：「被害者が被告人に背を向けたと言うことは，なかったのではありませんか」
 イ：「まだ1年しかたたないのに，また覚せい剤なんかに手を出したのはなぜですか」
 ウ：「あんな大それたことをやってしまったのはなぜですか」

法律家の質問は，「通訳」を介すると，当初のことばと同義の目標言語に置き換えるのが困難な場合は多々ある。独特の二重否定はよくある。日本語特有の間接表現もある。日本語の中では普通の言葉であっても同一の趣旨の言葉の発見に困難が伴う場面も多い。証人の証言は，法律家以上にとりとめがない。

「部屋を出て廊下に出ようと思ったら，急に走ってきて，おやっと思ってたら，もう一人でしょ。なにごとかなと思った途端に，ドーンと来て，あっと思ったら，首を刺されていました」。

ある殺人未遂罪の法廷で被害者がこれと類似の証言をしたことがある。直ちには通訳しにくい。主語がない。擬態語も混じる。文章として「切る」ことなく連綿と話す。証人の目に映ずる風景を描写する語り方とでも言うべきか。主体の関わり方として情景をとらえない。こうした証言は通訳しにくかろう。

2 法廷で通訳人を介して正確な通訳がなされるようにするには，法律家も心得ておくべきことがある。なによりも通訳人との打合せが不可欠である。通訳人の側はプロとして通訳環境の整備（正確，迅速，公正な通訳を実施できる条件の整備）を心がける。法律家は，通訳人と打合せて，事前に提供が可能な情報を提供するべきであろう。例えば，次のような事項に関する情報提供が求められる。まず，事件の概要である。事

件に関連する法律概念（故意，殺意，共謀などなど），登場人物，地理関係，事件現場などである。仮に事件をひとつの劇にみたてたならば，そこに登場する様々な小道具と大道具（凶器もそのひとつである）として，どのようなものがあるのか，通訳人に伝えておくべきである。

3 通訳を要する事件（要通訳事件）に関与する法律家は，当該事件に着手する前にあらかじめ要通訳事件に関する研修を受けるのが望ましい。その内容は，(1)通訳のメカニズム，(2)通訳の対象となる言語の特徴，(3)刑事手続の流れと通訳人の関わり方，(4)模擬接見，模擬取調べ，模擬法廷などである。残念ながら，今，信頼できるこうしたセミナーがない。その構築のためには，カリフォルニア州司法審議会がそうしているように，通訳人の倫理を裁判所規則に取り込むだけではなく，刑事手続の運用指針として少なくとも次の「3つの行動ルール」を策定，確立し，このルールを遵守する法律家（ここでは特に弁護士）のみ手続への関与を認めるべきではないか（弁護士であれば研修修了証のある者のみ国選弁護人に選任する扱いとする）。

〈参考〉法律家のための「3つの行動ルール」
○ルール1：（事前研修）　裁判所は，外国人が被告人である事件の国選弁護人を選任するにあたり，事前に最低4時間の通訳講習の受講を義務づけるものとする。
○ルール2：（接見／黙秘権解説）　弁護人は，接見時に，通訳人を同行のうえで，必ず，黙秘権の説明を行なうものとする。
○ルール3：（模擬法廷実施）　正式の公判に先立ち，裁判所，検察官，弁護人は，通訳人同席の元で当該事件のシミュレーションを行なうものとする。

2-4. 日本の法廷での倫理——通訳の正確性

　以上，カリフォルニア州の法廷通訳倫理規定を中心に，詳細にわたって法廷通訳の正確性に関するポイントを解説した。ほとんどの項目が日

本の裁判での通訳に応用できる。その主要な柱は以下である。

(1) 通訳人は起点言語で言われた内容に忠実に，目標言語に通訳しなければならない。自分の判断で情報を追加したり，省略したり，編集したりせず，そのまま伝えることが重要である。ただし，いわゆる「逐語的」な忠実さが求められているのではない。情報の質と量に対する忠実さである。重複や不正スタートなども，整理せずにそのまま訳さなければならない。
(2) 原発言の意味やニュアンス，レジスター，感情的な含みをそのまま忠実に目標言語に通訳しなければならない。
(3) 慣用表現などの特殊な言語表現や文化特有の表現は，目標言語でその等価表現を探して通訳するよう努めなければならない。
(4) 原発言における断片的な話し方，曖昧さ，ジェスチャーなどについては，自分の判断で言葉を補って明確化してはならない。
(5) 目標言語に等価表現が見つからない場合，発言内容がよく理解できない場合，わからない言葉が出てきた場合，1つの言葉に2つ以上の訳語が可能な場合は，裁判長にそれを告げ，適切な方法でそれを解決するよう努めなければならない。
(6) 通訳への異議が出された場合を含め，通訳の誤りに気づいたら速やかに訂正しなければならない。

3 中立性に関する倫理原則

3-1．米国の倫理規定

カリフォルニア州裁判所規則

(c) 公平性と利益相反回避

(1) 公正さ

通訳人は中立で偏見を持たず，偏見の様相を呈するような行動も慎まなければならない。

(2) 利益相反の開示

通訳人は現にある，あるいは明らかにそう見える利益相反は，どのようなものであれ，裁判官と関係者すべてに，それを開示しなければならない。通訳人の客観性を阻害する状況は，すべて利益相反ということである。通訳人が証人や訴訟当事者いずれかを知っているか親戚関係にある場合，あるいは通訳人が訴訟の結果に利害関係を持っている場合に，利益相反が存在する可能性がある。

(3) 業務遂行

通訳人は偏見，先入観，不公平の様相を生じさせる行動に携わってはならない。

(4) 説明

通訳人は訴訟が終わるまで，当該事件の実体について，誰にも何も述べてはならない。

連邦裁判所通訳人行動基準および職務責任

3：公平性，利益相反，そして報酬と贈り物

公平性　通訳人は，公平であり偏見のないようにするべきであり，偏見の様相を示す可能性のある行為を控えねばならない。通訳人は法廷手続の間，公的な職務を離れた時を除いて，当事者，証人，検察官や弁護人，あるいは当事者の友人や親族と会話をしてはならない。

利益相反　通訳人は，その訴訟事件，当事者，証人，検察官や弁護人と以前に関わりがあったことを含め，現にある，あるいはあると感じられる利益相反は，どのようなものであれ，それを開示しなければならない。そして，利益相反が存在するどのような事柄についても，業務を行ってはならない。

報酬と贈り物　法廷通訳人が自分の法廷での業務に対する報酬を受け取ってよいのは，裁判所からのみである。法廷通訳人は，法廷通訳の業務を行っている訴訟における訴訟関係人，証人，検察官や弁護人の誰からも，どのようなものであれ，贈り物や謝礼，対価を受け取ってはならない。しかし，他の通訳人を利用できない場合，裁判所が裁判所のために業務を行っている法廷通訳人に，その訴訟の検察官や弁護人のために通訳サービスを提供し，その人からそのサービスに対する報酬を受け取ることを許可することがある。

6：公然の意見表明の制限

通訳人は，自分が現在業務として携わっている，またはこれまで携わってきた事柄に関して，たとえその情報が秘密保護権（72頁注19参照）の対象になっていたり法律によって守秘義務を課されていたりすることがない場合でも，公然と論じたり，報告したり，意見を述べたりしてはならない。

> **NAJIT 倫理規定および職務責任**
> 規範2　中立性と利益相反
> 法廷通訳人と翻訳人は業務を行う手続において公平であり中立であるべきであり，当事者との不必要な接触を避けることで，公平性と中立性の様相も維持しなければならない。法廷通訳人と翻訳人は業務に関わる事柄について意見を述べることを控えなければならない。現にある，あるいはその可能性のある利益相反は，どのようなものであれ，通訳人や翻訳人がそれに気づいたらすぐに，裁判所と当事者すべてにそれを開示しなければならない。

3-2. 解説

　裁判では，公正であることが最も重要である。裁判所から雇われている通訳人は，裁判手続きを通して中立・公平な立場を守らなければならない。以下，カリフォルニア州の倫理規定を基に，法廷通訳の中立性の原則を説明する。

1）利益相反

> 利益相反は通訳人が裁判の結果に個人的な利害関係があるとき，あるいは訴訟関係人の一方と友人関係や親戚関係があるときに生じることがある。そのような条件が存在するときは決して，あなたは仕事を引き受けてはならない。　　　　　　　　　　P.18

　利益相反とは，一方にとって利益になることが，他方にとっては不利益になる状態である。通訳人は訴訟当事者と利益相反の関係にあってはならない。法廷通訳に関していえば，逮捕に当たった警察官が法廷で通

訳するというような状況は，その典型例である。通訳人は自分自身がそのような状況にあることがわかったら，すみやかに裁判長にそれを告げ，実際に利益相反があるかどうかや，通訳人の交代が必要かどうかは，裁判長の判断に任せるべきである。

2) 偏見の様相

> たとえあなたが自分は偏見や不公平な気持ちを持っていないと感じていても，他の人たちが，あなたが偏見を持ち不公平であると感じれば，通訳人としてのあなたの役割は，その信用を落とすことになりかねない。裁判のどちらか一方の味方をしていると他の人に思わせる可能性のある振る舞いを避けるように努めなさい。
>
> P.18

通訳人は偏見を持っているように見えてもいけない。法廷というところは，「公正らしさ」が非常に重要である。公正であると同時に，そのように見えることが重要なのである。訴訟の一方の当事者と親しげに振る舞うなど，公正さを疑われるような行為をしないようにし，通訳人としての信頼性を保たなければならない。陪審員や裁判員は，裁判で正式に使われる言語を話さない被告人や証人の言葉を通訳人を介して理解するので，通訳人を非常によく見ているのである。

3) 訴訟当事者

> 被告人の通訳をしていると，一時期に何日間も何週間も隣同士で座ることになり，あなた方二人の間に絆があるように見えてしま

> うのは避けられないだろう。同様に，あなたは長時間にわたり，ある特定の証人の証言を通訳することがある。たとえあなたが被告人や証人に親近感を感じていなくても，陪審員や他の裁判当事者が，あなたが証言を脚色したり偏って通訳したりしているかもしれないと感じれば，あなたが通訳することで，その人の証言は信用性の低いものになるおそれがある。だから，訴訟の継続中に，通訳をしている当事者との業務以外の私的会話はすべて控えることが非常に重要である。…中略… どんな場合も，あなたは裁判の法的側面について証人や被告人と1対1で話してはいけないし，彼らのどちらに対しても，事件についてあなたに物語ることを許してはいけない。
>
> P.18~19

訴訟当事者との個人的な接触は避けるべきである。日本では通訳人が被告人や証人と隣り同士に座ることはない。通訳人は裁判官席の前に座ることが多い。したがって，アメリカの場合に比べると，両者が個人的に接触する機会は非常に少ない。しかし，被告人が拘束されていないような場合には，どこかで接触するようなことがあるかもしれない。どんな時でも，訴訟当事者と私的会話を交わさざるを得ないような状況を回避することは重要である。

4) 訴訟への事前関与

> 通訳人が訴訟に事前に関与していると，利益相反の様相を呈することになる可能性がある。例えば，通訳人が裁判の準備では被告人側の通訳人として仕事をし，その後検察側の証人のための通訳人として仕事をすると，利益相反のように見えることがある。通

> 訳人は利益相反の可能性について裁判官に告げなければならない。…中略… 必要なことは，あなたが事前の関与について気づいたらすぐに，それを開示することである。　　　　　　P.19

　通訳人は裁判の対象となっている事件に関連して，捜査段階での通訳人となったり，被告人側や被害者側など事件に関係して通訳人となったことがある場合は，通訳人に選任される前に裁判所に開示しなければならない。

　日本では，原則的には弁護人接見，警察と検察での取調べ，公判で，異なる通訳人をつけることになっているが，国選弁護人が選任されている時には，接見に法廷と同じ通訳人が同行することも多い。少数言語の場合は，他に通訳人がいなかったりするのでやむを得ないし，訛りが強いなど，特殊な話し方をする被告人の場合，法廷通訳人がそれに慣れるために接見に同行する場合もある。このようなケースは日本の裁判で問題になることはない。しかし，別の事情で通訳人が当事者と何らかの事前関与があるような場合は，それを裁判所に伝え，その判断を仰ぐ必要がある。それについて黙っていて，後で発覚し問題になったりすると，通訳人としての信用を失うことになる。

5）贈り物と謝礼

> 刑事事件であれ民事事件であれ，通訳をした人の誰からも，どのようなものであれ，謝礼や贈り物を受け取ってはならない。
> 　　　　　　P.19

　通訳人は正規の報酬以外の謝礼や贈り物を受け取ってはならない。例

えば，全米医療通訳協議会の倫理規定では，依頼者が通訳者にささやかな贈り物を渡そうとすることがあるが，「感謝のしるし」としての小額のものであれば，人間関係を損なわないためにも，受け取ってかまわないという趣旨の内容が述べられている。しかし，公正さを重んじる司法の現場では，たとえ少額であっても，規定の報酬以外の謝礼や贈り物は受け取るべきではない。

6) 通訳人の中立性

> ある情報や状況により，通訳人は，同情したり怒りを感じたりすることがあるが，陪審員同様，通訳人は中立の役割を捨ててはならない。通訳人として，あなたは英語を話さない人の擁護者であってはならない。さらに，あなたは自分が通訳をしている当事者の言語や振る舞いに対する価値判断をしてはならない。…中略… 通訳人はどちらにも属さない立場であり，裁判の間，誰に通訳サービスを提供していようとも，弁護側や検察側の一員であるとみなされてはならない。　　　　　　　　　　　　　　　P.20

　通訳人は，常に中立の立場を守らねばならない。通訳人は，訴訟当事者の話す内容や振る舞いに対して，不快に思ったり，同情したりすることもあるが，それを表情や態度に出すようなことはしてはならない。そういうことへの価値判断すらすべきではない。また，誰の通訳をしている時でも，その人の側に立っているという印象を与えるような態度を見せず，常に中立らしさを保たなければならない。

7) 個人的意見

> 日々の仕事の最中に、通訳人は様々な検察官や弁護人、裁判官とやり取りしたり、それぞれの言い分を主張したり判決を言い渡したり所見を述べたりするのを聞く機会がある。通訳人にとって、検察官や弁護人または裁判官についての意見を持たないことは難しい。また、通訳人にとって被告人の有罪無罪や証人の信用性に関して意見を持たないことも難しい。中立性を保ちそのような事柄について意見を持つことを避ける努力をすることは、あなたにとってこの上なく重要なことである。あなたにとって、法律家たち、被告人、被害者、証人、彼らの家族に対して公然とそのような意見を表明するのは非常に不適切である。専門職としてのスキルを向上させるために、仕事で学んだ専門用語や直面した難問について互いに話し合うことが常である通訳人同士でも、そういった意見を述べ合うことは絶対に避ける必要がある。そのような意見は容易に歪曲され、公になってしまうことがあるからである。
>
> P.20

　通訳人は個人的意見を述べてはならない。通訳人は、裁判に関わっている人の誰に対しても、そして、裁判手続に関するどのような事柄についても、自分自身の意見を持ったりすることは間違っているし、それを他人に表明するような行為は控えなければならない。通訳人は裁判で話されることを通訳するのが仕事であって、そこで起こっていることに対して判断をしたり意見を言ったりする立場にはないのである。

検察官や弁護人から求められる意見

> 裁判の検察官や弁護人が，証人の信用性についての意見を引き出そうとあなたに近づいたり，自分の依頼人の評価を求めたり，その事件全般に関するあなたの感触について尋ねたりすることもある。検察官や弁護人はあなたに，自分の弁論の出来栄えについて評価してくれるよう頼む可能性すらある。検察官や弁護人は，単に，陪審員がどんな反応をするかを測るために一般人の意見を聞きたがっているだけかもしれない。そのような場合でも，利害関係から離れた公平な，プロとしてのあなたの立場を危険にさらすことのないように，礼儀正しい態度を示しつつ，意見を表明することを避けるべきである。
>
> P.20

　検察官や弁護人が公判中に通訳人に意見を求めるようなことは，ほとんどない。しかし，例えば弁護人接見などの際に，弁護人と個人的な会話をするような機会があるかもしれない。そういう時に，裁判に関わることで自分の意見を述べたりすることは避けなければならない。

通訳人からの意見

> 通訳人は，自分たちが仕事をしている，あるいはしていた裁判についての自分の見解，疑問，疑念，結論について他の色々な人達に話したい誘惑にかられる。なぜなら，そうすることが仲間意識を育てたり，自分の経験に対する尊敬を得たりすることに役立つように思えるからである。あるいは，単なる事後報告のつもりでそうすることもある。
> 　いずれにせよ，あなたは利害を超越し中立でありつづけなければならないし，通訳人として任命された裁判に関するいかなる事柄

> についても，決してあなたの個人的な意見を述べてはならない。裁判が終わったあとでも，それはまだ [17]上訴されるかもしれず，どのような内容であれ，あなたの不適切なコメントやあなたが開示する秘密の情報が面倒な結果を引き起こす可能性があることを覚えておかなければならない。　　　　　　　　　　　　　　　P.21

　裁判は日常とはかけ離れた世界であり，そこで展開することは，1つのドラマであり，人の好奇心の対象になりやすい。通訳人としても，自分の経験した裁判のことを人に話したい欲求にかられることもあるだろう。しかし，そのような行為はプロとしての信用をなくすし，不用意に話したことが後になってトラブルを引き起こす可能性もあるので，意見を述べることを含め，裁判に関することは他人に話してはならない，これは，次項の守秘義務にも関わってくる問題である。

陪審員とのやり取り

> 時には陪審員が，質問やコメントをするために，あるいは多くの場合あなたの通訳人としての仕事に関する好奇心から，あなたに近づいてくることがある。あなたは，どのような形であれ，たとえ裁判とは無関係の事柄であっても，断固として陪審員とのやり取りを避けなければならない。　　　　　　　　　　P.21

　アメリカの法廷では，陪審員は通訳人と話をしてはいけないことを裁判官から伝えられているはずである。法廷の外でたまたま陪審員の一人

---

[17] 上訴 (appeal)
　　日本の場合，控訴（第2審へ）と上告（最高裁へ）の両方を指す。

に会い，その人が通訳人に何か質問するというようなことがあるかもしれないが，通訳人は陪審員とは話してはならないというルールがあることを説明し，すぐにその人から離れるようにすべきである。日本でも裁判員との関わりに関して同様の注意が必要である。

裁判所や法執行の専門家とのやり取り

> あなたは毎日一緒に仕事をする検察官や弁護人，廷吏，そして他の法廷職員たちと知り合いになることもあるし，休憩時間に彼らとやり取りしたい気持ちになるものである。一見，害のないように見えるこれらの会話は，そのどれもが，偏見があると受け止められることにつながる可能性がある。この問題の解決法は，法廷内や廊下では，会話をすることなく，礼儀正しく歩き去ることである。
> P.21

　日本でも，中立であるだけでなく中立である様相を示すことも裁判では重要なので，裁判関係者の誰とであれ，たとえ休憩中であっても，親しげに話している姿を特に被告人や裁判員に見られることはよくない。一方の味方をしているのではないかという疑念を持たれることは，何としてでも避けなければならない。

8) マスコミと一般大衆

マスコミ

> 通訳人は，事件の性質から，あるいは有名人が関わっているためにマスコミの注目を大いに浴びる有名な裁判の通訳人に任命されることが時々ある。マスコミは，他では得られない情報を得よう

> として，通訳人にインタビューしようとすることがある。…中略… あなたは決してマスコミのインタビューを受けることを承諾してはいけないし，マスコミに対して係争中の裁判に関するどのようなコメントもしてはならない。どのような質問に対しても，単に「ノーコメント」と言えばよい。　　　　　　　　　P.21

　裁判に関わる情報を得ようとして近づいてくるマスコミや一般大衆とは話をしないようにしなければならない。マスコミが通訳人にインタビューを試みるという状況はめったには起こらないが，事件で言葉が重要な意味を持つようなケースでは，言葉の専門家である通訳人から情報を得ようとすることはあるかもしれない。どのような場合でも，通訳人は係争中の事件についてコメントしてはいけない。マスコミが言葉に関する専門的なコメントが欲しいのであれば，通訳人ではなく，言語学者にインタビューすべきである。

一般大衆

> 法廷手続は，[18] 監護裁判所，少年犯罪の審理手続などや，その時に限り一般の傍聴を認めない非公開の審理を除いて，通常，一般に公開されている。裁判手続を傍聴する一般の人は，裁判の対象となっている事件について聞くためにあなたに近づくことがある。一般的な規則として，廷吏かその事件を扱っている検察官や弁護人に聞くように伝えるべきである。丁重に，しかし断固とし

---

[18] 監護裁判所（dependency court）
　　監護裁判所は，少年の保護事件を取り扱うカリフォルニア州の裁判所で，日本では家庭裁判所が類似の機能を担っている。手続は非公開である。

> て，どんな話し合いをすることも避けなければならない。事件に関するあなたの個人的な意見に関しては特にそうである。　P.22

　法廷で傍聴人が通訳人に近づくことはないが，休憩時間に廊下で話しかけられるようなことは起こりうる。どんな内容であれ，一般の人と裁判に関することを話してはいけない。話しかけられるような状況を作らない努力も必要である。

3-3. 法律家のコメント─通訳人の任務と法律家

1　通訳は「中立」でなければならない。法律家が求める「中立」とは，事件について独自の見解・判断・評価を何らかの公の場で示さないこと，警察官・検察官・裁判官・弁護士などの特定の立場の味方であると誤解される言動をしないことである。一言で言えば，「通訳」という専門的な業務に忠実であることである。したがって，法律家自身も，通訳人が自己の見解・判断・評価に共感し，賛同し，その視点でサポートすることを求めてはならない。

2　法律家は通訳人との関わり方について手続と場面ごとに慎重でなければならない。

　ここでは，弁護人の視点で整理してみよう。多くの場合，当番弁護士などで接見の要請が本人または家族から弁護士会になされて，弁護士が当面被疑者が留置されている施設に赴くこととなる（多くの事件では警察が扱う事件なので，警察による逮捕の後，警察本部または警察署などの留置場で留置される。すでに勾留されている場合にも，最寄りの警察署留置場に勾留されている）。その際，要通訳事件であることを知ることとなり，あらかじめ通訳人を手配して同行することとなる。国選弁護人に選任された弁護士は，自ら適当な通訳人を依頼し，法テラスとも相談の上，接見同行に関する報酬について確認をして，スケジュールを調

整し，警察署等の待合室等で会ってから接見室に赴くことになる。その機会に，念のためではあっても通訳人に対して次のような注意をしておくべきだ。

「被疑者が有罪か無罪かはわかりません。被疑者はたいへん神経質になっています。被疑者が，通訳人は自分を有罪だと思っていると誤解しますと，それ以上，通訳をお願いできなくなります。事件についてのあなたの判断が被疑者に伝わることがないように注意をして下さい」。

3 弁護人が被疑者と接見するとき，通訳人の役割は「被疑者・被告人と弁護人のコミュニケーション」である。

通訳人は，弁護人の役割を補助するために同行している。したがって，通訳人のプロフェッショナリズムの枠内で，柔軟な通訳をしてよい。「日本に来た理由についてざっと聞き取ってほしい」という弁護人の依頼の仕方もある。通訳人に一定の裁量の巾のある通訳依頼だ。「中立」であることと，弁護人と被疑者・被告人との一問一答に対応して同時または逐次通訳をすることとは区別して考えていい。

ただ，法律家も通訳人も相互に注意しなければならない。通訳人が，「あなたは，なんで，こんなことをしてしまったのか」といった「有罪と考えていることを前提にした発問」を善意ではあっても，うっかりとすることがある。事件に関わる質疑応答は，法律家がコントロールして一問一答方式によるのがベストだ。

4 法律家は，ときに被疑者・被告人を理解したいがために，その国や社会，民族，宗教，文化に関連する質問を通訳人に投げかけることもある。ことばの意味を理解するために，このような質問をすることも多い。この場面では，「中立さ」とは「通訳業務に忠実であること」という側面から，法律家・通訳人ともに慎重でなければならない。

通訳人は，「通訳」の専門家であり，政治・文化・社会・宗教に関する専門家ではない。被疑者・被告人からみて，通訳人が「通訳」業務を超えて事件に関わる情報提供をすることについて不審感を持つこともある。もちろん，通訳人の専門性を超えた情報提供が正確なのかについても慎重でなければならない。

5 裁判員裁判を実施するにあたり，裁判所（裁判官）と検察官，弁護人が中心となって，審理計画を策定する手続がおこなわれる（公判前整理手続）。非公開であるが，被告人は出席の権利がある（裁判長が呼び出さない限り，出席の義務はない）。多くの事例では，外国人である被告人も出席する。このときには，通訳人が必要となる。但し，この手続の目標は，法律家が事件の争点，調べるべき証拠や証人などを決めて，審理計画を策定することにある。可能な限り，被告人にもその場で情報提供をするほうがよいのだが，手続の効果的な実施の観点からは，逐次通訳ではなく，同時通訳（通訳人が被告人の側でささやきながら通訳する）によることもある。ときに，裁判長が「今日の審理については，後でまとめて話をしますから通訳は結構です」と前置きして手続を始めることもある。実際，手続の終わりに，裁判長が，手続の内容について簡単な要約を口頭でして，これを通訳人が訳すこととなる。

そこで，弁護人は，事前・事後の被告人との接見で，公判前整理手続の意義と役割，この手続での通訳のありかたなどについて十分な打合せを遂げておかなければならない。被告人が裁判の進行に関する情報から隔離され，閉ざされていると誤解されないように，法律家において注意を要する。公判前整理手続で何が決まったのかを通訳人を介して接見時に伝えるのは，当然である。

6 公判廷では通訳人は公正・中立な通訳保障を実現しなければならない。

裁判は，裁判長の「では開廷します」の宣言からはじまる。公開の法廷で有罪・無罪を裁判官と裁判員が判断する審理がいよいよ始まる。中心は，証拠調べ手続となる。この日を「公判期日」といい，この日の手続を「公判の手続」という。またこうした審理をする場を「公判廷」とも言う。ここでは，厳格に通訳人の「中立さ」が求められる。レジスターの一致，適正な訂正手続などを厳密に守った通訳実施が求められる。上述の正確性に関する倫理規定が文字通りに適用される場面である。

7 以上，各事件・各場面ごとに通訳人の「公正さ」と通訳内容の「中立さ」を守るためにも，基本的に，通訳人を交えた法律家との打合せを

する機会をぜひ持たなければならない。このとき，通訳人は裁判官も含めて法律家に通訳に関する基本情報の提供をし，両者で通訳人の通訳環境整備（特に休憩の保障，誤訳の訂正の方法などの段取り）について裁判ごとにその方法について意見交換をしておくべきであろう。

3-4. 日本の法廷での倫理——中立性

　以上，カリフォルニア州の法廷通訳倫理規定を中心に，詳細にわたって法廷通訳の中立性・公平性に関するポイントを解説した。日本の裁判での通訳に応用できる主要な柱は以下である。

(1) 通訳人は常に中立・公平な立場を保たねばならないし，中立・公平でないような様相すら示してはならない。
(2) 通訳人は訴訟関係人と個人的な関係を持ってはならない。訴訟関係人と利益相反の関係にある，または，訴訟への事前関与がある場合は，仕事を引き受けてはならない。そのような状況にある場合は，裁判所にその旨を開示しなければならない。
(3) 通訳人は誰に対しても，裁判に関する個人的意見を述べてはならない。

4 守秘義務に関する倫理原則

4-1. 米国の倫理規定

> **カリフォルニア州裁判所規則**
> (d) [19)]**秘密保護権のある会話の秘密保護**
> 通訳人は，弁護人と依頼人の間の秘密保護権の対象となる通信を何人に対しても明らかにしてはならない。

> **連邦裁判所通訳人行動基準および職務責任**
> 5. 守秘義務
> 通訳人は，秘密保護権の対象となる，あるいは他の秘密の性質を持つ通信のすべてについて，秘密を守らなければならない。

> **NAJIT 倫理規定および職務責任**
> 規範3 守秘義務
> 通訳人は，通訳をしている，あるいは翻訳の準備をしている際に知った秘密保護権の対象となる，あるいは秘密の性質を持つ通信を許可なしに開示してはならない。

4-2. 解説

　医師や看護師，弁護士など，仕事で個人情報を知ることができる職業には公的な守秘義務があるし，公務員には，公務員法によって守秘義務が課せられている。さらに，個人情報保護法の制定以降，民間人にも業

務によって知り得た個人情報についての守秘義務が課せられている。司法通訳人も個人情報を知る立場にあり，当然，守秘義務がある。

司法通訳人の守秘義務には，場面によってその範囲や性質が異なる。ここでは，カリフォルニア州の倫理規定を基に，状況ごとに説明する。

1）弁護人―依頼人秘密保護権

> 依頼人とその弁護人との間で話されたことはすべて秘密にされなければならない。このことは，我々の司法制度で長期にわたって受け入れられてきた原則である。　　　　　　　　P.23

通訳人は，弁護人接見の際に知った情報を開示してはならない。被疑者・被告人には，弁護人との立会人のない接見を行う権利，つまり，コミュニケーションの内容が秘匿された状態で弁護人との接見を行う権利が認められている。したがって，通訳人がいる場合も秘密は守られなければならないことになり，弁護人接見の場などで通訳人が見聞きした情報は，決して他に漏らしてはならない。通訳人を介して，その内容が捜査機関や検察官などの知るところとなれば，由々しき事態である。

---

19) 秘密保護権（privileged）
　アメリカ法では，よく"privileged"という概念が出てくる。本書では「秘密保護権（が及んでいる）」と訳す。通訳人の職務との関連では，弁護士と依頼人の間で交換される情報は"privileged"である。つまり，憲法上その秘密性が厳しく保障されるものであり，捜査機関や裁判所も原則として開示を求めることができない。「特権」と訳されることもあるが，むしろ憲法上保護するべき重要な権利という趣旨である。日本では逮捕勾留中の被疑者・被告人と弁護人の接見時のやりとりはまさに秘密交通であることが憲法上も法律上も保障されている。

2) 検察官による証人との打ち合わせ

> 弁護人―依頼人間にあるのと同じ秘密保護権は，検察官と彼らの側の証人とのやり取りの通訳には当てはまらないが，公的信頼性という点から，通訳人はそのようなやり取りの内容を誰にも漏らしてはならない。
> もしあなたがそういった事柄について証言するように求められるようなことがあれば，あなたは裁判所に自分にはそういう情報に対して守秘義務があることを伝えなければならない。その守秘義務を破ることを裁判所に命じられない限り，あなたはそれを避けるためのあらゆる努力をすべきである。　　　　　P.23

　検察官と証人の打ち合わせで知った内容も，通訳人は他に漏らしてはならない。通訳人を介して，敵対している側に情報が流れることは，やはり，裁判の公正性を損なう。裁判所が通訳人による情報開示を必要とし，それを命じる場合以外，どのような場面であれ，通訳人は業務上知りえた情報を漏らしてはならない。

3) 非公開審理

> あなたは，裁判官室のような，一般に公開されない場所で行われる非公開審理の際に通訳をするよう呼ばれることがある。そのような審理の公式の記録は封印され，公開される記録の一部にはならない。あなたはそのような手続の秘密性を尊重し，審理の内容については何も漏らさないという職業上の倫理を守る義務がある。　　　　　P.23

通訳人は，非公開の審理の際に知った情報を開示してはならない。公開の裁判であっても，通訳人は業務上知りえた情報を漏らしてはならないのであるから，もともと非公開の手続における業務の場合，守秘義務を守らなければならないのは当然のことである。日本の刑事手続では，公判前整理手続は非公開であるから，ここで行なわれた手続内容を他に漏らすことは許されない。

4）証拠資料

> 　通訳人は，公開の裁判で示され証拠として認められ陪審員に検討されるよりもずっと前に，証拠資料を見たり聞いたりすることが時々ある。これらの資料には，写真から音声録音，ビデオ録画，デジタル録音にいたるまで，広範囲にわたる品目が含まれることがある。あなたは誰に対しても，これらの資料の内容に関して話してはならない。話すことで，適正手続や当事者のプライバシーの権利を危険にさらしたり，[20] 無効審理の原因を作ることを含め，裁判の結果を危うくしたりする可能性があるからである。
>
> P.24

　通訳人は，証拠資料を見たり聞いたりした場合，その内容を開示してはならない。
　ここでは紹介しないが，カリフォルニア州の倫理規定では，この項目の中に**文書の翻訳**と**テープ起こしとその翻訳**という2つの小項目を設けている。事前準備の段階などで，通訳人がそういう作業を委託されるこ

---

[20] 無効審理（mistrial）
　公判の基本的な公正さを侵害する事由が発生した場合に裁判所が陪審裁判手続の打切りを宣言するものである。

とがあるかもしれないが，その業務中に知った情報は，決して開示してはならない。

4-3. 法律家のコメント─守秘義務

1 通訳人は，捜査段階から判決宣告まで，事件に関する秘密をたくさん知ることになる。弁護人との接見を通じて被疑者・被告人側の秘密も知る。なによりも被疑者・被告人本人に関する様々な情報を入手する。秘密は洩らしてはならない。事件を担当する通訳人への信頼を損ない，通訳人制度への信頼も薄れる。今のところ，資格の喪失，司法関係の業務からの排除，弁護士会への通報，通訳人名簿からの除外など特段の制裁はないだけに，プロ意識をもっとも鋭敏にするべき倫理である。

2 弁護士は，正確な通訳の必要上，通訳人に捜査資料などを提供することがあるが，基本的には任務終了後，回収するべきである。冒頭陳述書，弁護人の弁論，被告人の最終陳述書などの意見書についても，回収しておくべきであろう。また，資料を提供するにあたり，念のため，その表紙などに「本資料は，業務遂行のためにのみご利用下さい。業務終了後は速やかにご返却下さい」と明記するのが望ましい。

4-4. 日本の法廷での倫理─守秘義務

以上，カリフォルニア州の法廷通訳倫理規定を中心に，通訳人が守らねばならない守秘義務について解説した。日本の裁判での通訳に応用できる主要な柱は以下である。

(1) 通訳人は，裁判所が開示を命じる場合を除き，業務上知りえた情報を開示してはならない。
(2) 準備段階を含め，手続のあらゆる場面で通訳人は守秘義務を守らなければならない。

5 法的助言禁止に関わる倫理原則

5-1. 米国の倫理規定

> **カリフォルニア州裁判所規則**
> (e) 法的助言を与えること
> 通訳人は，当事者または証人に法律上の助言を行ってはならない。特定の弁護士または法律事務所を紹介することもしてはならない。

> **連邦裁判所通訳人行動基準および職務責任**
> 7. 業務の範囲
> 通訳人は，通訳と翻訳の仕事に自分たちの業務を限定しなければならない。通訳の対象者に法的助言を与えたり，個人的な意見を表明したりしてはならないし，通訳人として業務を行っている間は，通訳や翻訳以外の仕事であると解釈される可能性のある他のどの活動にも携わってはならない。

> **NAJIT倫理規定および職務責任**
> 規範4　業務の限定
> 法廷通訳人と翻訳人は，自分たちが行う業務を通訳と翻訳に限定すべきである。そして，当事者に助言をしたり，法律家の仕事であると解釈されるような活動に携わったりしてはならない。

5-2. 解説

　法的助言を与えることは法律の専門家である弁護人の職務であり，通訳人の役割の範囲外である。通訳人の唯一の仕事は，コミュニケーションの仲立ちをすることである。この倫理原則は，通訳人の役割の範囲をきちんと認識させるためのものである。カリフォルニア州の倫理規定では，関係者からの通訳人への質問に対し，どのように対応すべきかを解説している。

1）被告人からの質問

> あらゆる証人と同様に，被告人が証言している時に，被告人が（たとえ小さな声で話されたとしても）何か質問をしたのなら，あなたはそれを声に出して通訳しなければならない。それによって，法廷にいる人は誰も，あなたたちの会話に不適切な点があるという印象を持つことはない。　　　　　　　　　　P.26

　通訳人は被告人と個人的に話し合ったり質問に答えたりしてはならない。
　日本の法廷では，通訳人が被告人と隣同士に座ることはないので，このようなことは起こりにくいが，例えば，被告人質問の最中に，被告人が通訳人に向けて何か質問することはあり得る。その質問が，例えば「今の質問の意味は…ですか」のような単純なものであっても，通訳人はそれに自分で答えるようなことはせず，被告人の言ったままを通訳すべきである。それに答えるのは質問している法律家である。いくら害のない内容であっても，通訳人が被告人と会話を交わすのは，裁判の公正さという点で不適切である。

2）証人からの質問

> 証人が通訳人を介して検察官や弁護人と打ち合わせをしたあとで，裁判の状況や証言の結果について通訳人と会話をしたがることがある。裁判について証人と話し合ったり，通訳の手順や一般的知識に関する事柄以外に証人の質問に答えたりするのは通訳人の役割ではない。検察官や弁護人に証人の質問や懸念について知らせるか，あるいは証人を請求した検察官か弁護人のところに行くように言うべきである。　　　　　　　　　　　　　P.27

　通訳人は証人と個人的に話し合ったり質問に答えたりしてはならない。たまたま打ち合わせで通訳をした証人と二人になるような状況になった場合，証人は通訳人と話をしたがることが充分あり得る。それは係争中の事件と全く関係のない話かもしれない。例えば，○○に行くには，どこからバスに乗ればいいのか，というような情報が欲しいだけかもしれない。そういう質問に答えることには何ら差し障りはないが，少しでも裁判に関わる事柄であるなら，自分はそういう話をする立場にないと説明し，話をするのを断るべきである。また，通訳人自身の個人情報に関わる質問には答えないほうがよい。そうすることが，自分自身を守ることにつながるからである。

3）被告人や証人の家族や友人からの質問

> 被告人や証人の親戚や友人がよく法廷にいて，通訳人に起訴内容，公判手続，裁判のなりゆき，可能な選択肢などについての情報を求めてくることがある。彼らはまた，あなたに事件について

> の情報を提供しようとすることもある。最良の対処法は，常に彼らを検察官や弁護人に任せ，情報提供を回避することである。
>
> P.27

　通訳人は被告人や証人の家族や友人と個人的に話し合ったり質問に答えたりしてはならない。被告人や証人の家族や友人は外国人であることが多く，通訳人のみが自分たちの言語を話すことができるので，通訳人から何とか情報を引き出したいと思うことがある。休憩中に廊下などで会った際に，何か話しかけてくるかもしれない。そのような場合は，自分はそれを話す立場にないことを伝え，その場を去るのがよい。また，前項同様，通訳人の個人情報も伝えてはならない。それを聞き出そうとしている人物が犯罪組織に関わっており，通訳人が何らかの形で脅迫を受けることもないとは言えないのである。

4) 弁護士紹介

> 当事者に弁護人がついていない場合，あなたは弁護人が必要かどうかについての意見を言ったり，その当事者を特定の弁護人に紹介したりしてはならない。そうすることで，あなたの職業上の中立性が損なわれる。
>
> P.27

　通訳人は裁判の関係者に，個人的に特定の弁護士を紹介してはならない。日本では，通訳人が当事者に弁護人を紹介するというような状況になることはまずない。ただ，証人などの裁判の関係者が，たまたま他の事で弁護人を必要としており，通訳人に誰か紹介して欲しいといってくるようなことは起こるかもしれない。そのような場合でも，特定の弁護

士と親しい間柄にあると思われることは，裁判の公正さに疑念を生じさせることにもなり，将来的にも得策ではない。したがって，自分は紹介できないと言うか，その地域の弁護士会を紹介するなどし，特定の個人とのつながりを示さないようにすべきである。

5-3. 法律家のコメント─通訳人の「助言」の範囲

1 通訳人は，法律家と被疑者・被告人の間を「言葉」によって橋渡しする任務を負う。ただ，固有の「通訳」だけでは任務を完全に遂行できない。言葉を支える文化的歴史的民族的な背景について情報を提供し，通訳のメカニズムに関する情報を提供することは，通訳業務に当然に伴う責務である。しかし，当然であるが，そうした「助言」は法律家に提供するべきものであり，被疑者・被告人に直接助言することは一切あってはならない。

2 刑事裁判に長く通訳人として携わると，刑事手続の運用に親しみ，ある程度の見通しを述べることも可能となる。若手の弁護士などよりも事情に詳しい通訳人もいる。しかし，通訳人はダイレクトに被疑者・被告人に事件の見通し，法律の解釈・適用，量刑など刑事手続に関する助言をしてはならない。部分的な助言，断片的な助言は，時に被疑者・被告人が誤った判断をするきっかけを作る。

3 助言禁止の前提は，通訳人の任務の自覚による。被疑者・被告人と通訳人だけで会話することは通訳の任務の範囲を超える。被疑者・被告人の助言を求める発言もすべて法律家に（接見に同行する通訳人の場合には，弁護人に）伝達するべきである。

例えば，弁護人は，あらかじめ通訳人と打合せを行い，「被疑者・被告人から事件について意見を求められたり，見通しを聞かれたりすることもあります。その場合にも，そのまま通訳のみしてください。あなたの意見を述べたりしないように注意して下さい」と伝えておくべきである。日本語を解さない被疑者・被告人と接見するにあたり，通訳人の任務についてもあらかじめ説明をしておくのがよい。

「通訳人は，『通訳』のみ担当します。通訳人自身にあれこれ質問をしないでください。通訳人に事件の見通しや量刑などについて聞かないで下さい。あなたがここで話をされたことは，すべて弁護人に通訳してもらいます。そのことも御了解ください」。

4 法律家は，通訳人が被疑者・被告人に自由に助言する時間が生じないように配慮することも必要である。ささいなことであるが，接見室内では必ず弁護人と通訳人は一緒に居るようにしなければならない。滅多にないことであるが，弁護人がトイレ休憩で退室するようなときには，一緒に退室するべきである。この点も，お互いに事前に打ち合わせておくべきである。

5-4. 日本の法廷での倫理―法的助言禁止

以上，カリフォルニア州の法廷通訳倫理規定を中心に，通訳人の法的助言禁止に関する倫理原則について解説した。日本の裁判での通訳に応用できる主要な柱は以下である。

(1) 通訳人は，裁判の当事者，またはその関係者の誰に対しても，法的助言や裁判に関わるその他の情報提供をしてはならない。それは法律家の仕事である。
(2) 通訳人は，裁判に関わっている誰かに特定の弁護士を紹介するなどしてはならない。

6 職務上の関係に関わる倫理原則

6-1. 米国の倫理規定

> **カリフォルニア州裁判所規則**
> (f) 公正な職務上の関係
> 通訳人は，裁判所職員，弁護人・検察官，陪審員，当事者および証人とは公正な職務上の関係のみ維持しなければならない。

6-2. 解説

　この倫理原則は，カリフォルニア州の倫理規定のみに盛り込まれており，他の２つにはない。通訳人は裁判の関係者すべてと正しい職務上の関係を保たなければならない。

1) [21)]司法官憲としての通訳人

> 裁判に通訳人を出廷させる基本的な理由が２つある。(1)被告人が手続を理解できるようにする。(2)法廷で話をする英語を話さないすべての話者を裁判所が理解できるようにする。したがって，裁判手続に参加している人は誰でも，あなたの「依頼人」ということになりうる。被告人，弁護人，検察官，裁判官，陪審員，書記

---

21) 司法官憲としての通訳人（Interpreter as Officer of the Court）
　　アメリカ法上司法に関与する裁判官，法律家，裁判所記録官，廷吏などを総称して「司法官憲」と呼び，司法の場における正義を実現する任務に対する誠実さと倫理性を求める根拠としている。通訳人もこれに準ずるものとして扱うことを意味している。

> 官，その他の職員，証言をする証人すべてがそうである。あなたが誰の通訳をしていようと，あなたは法廷の職員であり，手続に中立の立場で参加している。検察側か弁護側の「チーム」の一員であるという考えに引き込まれないようにしなければならない。
>
> P.28

　これは通訳の中立性にも通じる倫理原則である。裁判に参加している人すべてに対して，通訳人は公平かつ中立でなければならないし，そうであるように見えなければならない。

2) 控えめであること

> 通訳人として，あなたはいつでも，通訳を行う主な目的はコミュニケーションであることを意識しておかねばならない。あなたは証人が表現する感情を誇張したり変えたりすることで，証人よりも自分の方により注目が集まるような芝居じみた振る舞いをしてはならない。すでに述べたように，あなたは個人的に感情を示したり，主観に取り込まれたり，裁判の当事者と社交的な会話を交わしたりすることを避けなければならない。
>
> P.28

　通訳人は裁判の当事者ではなく，言葉が通じない二者の間で，あたかも言葉が通じているかのようにコミュニケーションの橋渡しをするのが役割である。したがって，通訳人は自分自身が目立つような行動をすべきではない。裁判関係者たちと適切な距離を保つことも重要であるが，カリフォルニア州の倫理規定には，以下のような具体策が述べられている。

> 人々を（ジョーンズさん，スミスさんのように）苗字で呼ぶことである。目標言語で（例えば「あなた」を表すスペイン語の"usted"のような）[22)]呼びかけの形式ばった形がある場合は，証人や被告人の年齢や身分にかかわりなく，いつもそれを使用しなさい。しかし，この形式的な振る舞いを保つ際には，必ず目標言語の文化的規範にしたがうようにしなさい。さらに，小さな子供への事情聴取の場合など，形式的でない呼びかけをしないと怯えてしまうことがあり，それがもっとも効果的な状況であることもある。　　　　　　　　　　　　　　　　　　　　　P.28

　子供への事情聴取など特別な配慮が必要な場合や，法律家が何らかの目的のためにあえて親しげな話し方をするような場合を除き，通訳人は，目標言語の規範に合わせた形で敬称を使うのが普通である。

6-3. 法律家のコメント──通訳人の存在感

　通訳人の立ち居振る舞いとして求められるのは，いわば法律家の黒子としての任務である。「日本語⇔外国語」の「橋渡し」が円滑に行われ，法律家と日本語を解さない被疑者・被告人が双方ともに言葉の壁を感ずることなく，コミュニケーションができる状態を作ることが，その任務である。これをはみ出ない業務遂行が望ましい。
　ささいなことであるが，弁護人との接見にあたっても，入室は弁護人が先導するべきであるし，あいさつも通訳人が勝手にするのは避けるべきで，通訳人と被疑者・被告人の間で弁護人を除外して外国語でことばを交わすこと自体避けるべきであろう。なお，そうしたことも含めて，

---

22) スペイン語では敬称の"usted"と親称の"tu"が使い分けられる。西洋言語の多くが同様のシステムを持っている。

法律家は通訳人と十分な打合せを事前にすることが大切である。

6-4. 日本の法廷での倫理——職務上の関係

　以上，カリフォルニア州の法廷通訳倫理規定にある通訳人の職務上の関係に関しての倫理原則について解説した。日本の裁判での通訳に応用できる主要な柱は以下である。

(1) 通訳人は，裁判のすべての参加者に対して，公平で中立な立場を守らなければならない。
(2) 通訳人は，コミュニケーションの仲立ちをすることが自分の仕事であることを認識し，自分自身が目立つような振る舞いをせず，常に控えめでなければならない。

7　継続教育の必要性に関わる倫理原則

7-1．米国の倫理規定

> **カリフォルニア州裁判所規則**
> (g)　継続教育と職業に対する義務
> 通訳人は，継続学習を通して，通訳技法および裁判所が行う手続の知識を維持し，向上させなければならない。通訳人は，通訳の職務の業務遂行の基準を高めるよう努めなければならない。

> **NAJIT 倫理規定および職務責任**
> 規範6　技術と知識の維持と向上
> 法廷通訳人と翻訳人は，自分の通訳および翻訳の技術と知識の維持・向上に努めなければならない。

7-2．解説

　この倫理原則はカリフォルニア州裁判所規則とNAJIT倫理規定の2つに盛り込まれている。通訳人はプロとして，継続してそのスキルや能力の維持・向上に努めなければならない。

　本項目については，カリフォルニア州の倫理規定では州独自の認定制度に絡めた部分も多く盛り込まれているが，それは日本の現場に応用できないので，その内容の紹介は省く。以下の項目は，認定制度に無関係なので，日本にとって参考になる部分である。

1) 事件に関する知識

> 完全に正確であるためには，裁判手続が始まる前に，あなたが関わる裁判の事実関係についてある程度知っておくように努めることは重要である。そのために，あなたは，適切な当事者に基本的な情報を提供してくれるよう頼んだり，彼らのファイルにある警察の報告書や[23]予備審問の記録のような文書をざっと見せてもらう許可を求めたりすることができる。大きな裁判では，前もってそうすることが理想的であろう。それによってあなたは，専門的な事柄についての適切な参考資料を得て，その裁判の状況や当事者について知ることができる。　　　　　　　　　　　　P.30

　通訳人は，事前に事件に関するできるだけ多くの知識を得ておくよう，努力すべきである。日本の要通訳裁判では，事前準備のために通訳人に一部の資料が渡される。起訴状，冒頭陳述書などが事前に渡されて，その翻訳文を用意しておき，それらが法廷で朗読される際に，ワイヤレス通訳システムで同時的に翻訳文を読み上げるという形が通常の慣行である。欧米諸国では，事前に通訳人に資料を渡すことについて，秘密保持の観点から，あまり積極的でない傾向が強く，この点では日本のほうが先進的である。通訳人としては，正確性を保証するためにも，できる

---

23)　予備審問（preliminary examination）
　　preliminary hearing ともいう。被疑者は，重罪で逮捕された後に裁判所に出頭して罪状認否と保釈の可否について判断を受ける手続に付される（一種の勾留質問手続。arraignment という）。無罪の主張をした場合は，その後，公判に付すべき証拠があるか裁判所が検討する予備審問手続が開かれる。検察官が，陪審裁判に付すべき相当の理由があること，被告人を犯人と疑うべき相当な理由があることを証拠で裏付ける。裁判官が相当の証拠があると判断した場合，陪審裁判公判前準備手続に移行する。証拠不十分な場合，裁判官は公訴棄却を決定する。

だけ多くの資料提供を求めることが倫理にかなっている。

2）専門用語

> 予備審問や公判審理のような証拠に関する長い手続では，通訳人にはかなりの準備が必要である。証言の際に出てくる可能性がある膨大な範囲の専門用語を知り，覚えておくことは難しいので，事件担当の検察官や弁護人，その他の職員と協力して仕事をし，扱われる可能性のある事柄について予測しておくことが得策である。法廷に適切な辞書を持ってくるべきである。そして，法廷書記官に，彼らの参考のために鑑定人が提供した特別な用語集があるかどうか尋ねるべきである。また，あなたにとっては難しい分野に精通している人から説明を求めるべきである。最も重要なことは，あなたがある特定の分野の能力を有していない場合でも，あなたが不適格であるとみなされてしまうということを恐れて，それを隠そうとしてはいけないということである。すべての分野の専門用語をマスターしていることを期待できる通訳人はいない。
>
> P.30

　法廷で使われる可能性のある専門用語については，事前に情報収集をしておくべきである。事前準備の段階で検察官や弁護人などの裁判関係者とどの程度の接触ができるかはケース・バイ・ケースだが，そのような接触がまったくない状況で何か情報が欲しい場合は，担当の書記官に依頼するのが適切である。鑑定人が証言する場合など，その特定分野に精通していないことを正直に説明し，なるべく多くの情報が得られるよう，協力を求める必要がある。また，法廷での通訳業務中，分からないところを参照するためにタブレットやスマホなどのツールを用意する場合は，それについても事前に書記官に伝えておいたほうがよい。プロの

通訳人は，通訳の正確性を保証するためのあらゆる手立てを尽くす中で，様々な分野の専門用語を習得していくのである。

3) 陪審説示

> 裁判官，検察官や弁護人，そして被告人が通訳しないことに合意した場合以外，すべての陪審説示は被告人のためにそのすべてが通訳されなければならない。陪審説示は非常に専門的で複雑な法的概念を提示し，古語的な，あるいは難解な言葉づかいで表現されることが多い。さらに，陪審説示は準備された書面から読まれるので，ペースが速く，ポーズも少なく，普通のスピーチに比べるとイントネーションも不自然である。これらの要因のすべてが，陪審説示を，通訳するのが最も難しいタイプの法廷手続の一つにしている。このため，標準的な陪審説示をどのように通訳するかを知るだけでなく，その背後にある概念をしっかりつかんでおくことも必要不可欠である。　　　　　　　　　　　P.30

　法律家が読み上げる文章は，その背後にある概念をしっかり理解して正確に訳さなければならない。

　陪審説示は法廷で使用される言語のうちで，レジスターがもっとも高度なもののひとつであるとされる。日本の法廷では陪審説示はないが，これと類似の文書は日本の方が多い。

　まず，裁判長が読み上げる判決書の文体は非常に特徴的である。文体のパターンや使用される語彙の特徴を覚え，文章構成の背後にある意図などを理解することで対応していく必要がある。日本では，起訴状，冒頭陳述書，そして場合によっては最終弁論を通訳人に事前に送ってもらえるし，判決文もある程度の時間の余裕を持って渡される。しかし，準備された原稿を読む場合，内容に無駄がなく高度で洗練されており，し

かもスピードが上がるということから，サイト・トランスレーションは簡単ではない。したがって，前述したように，通訳人は自分で準備した翻訳文を同時に読み上げることになる。そのような文章を翻訳する場合も，それぞれの文体のパターンや，特殊な語彙，文章の構成の意図についてきちんと分析し理解したうえで取り組まないと，翻訳文の正確性が保証できない。このような言語分析も通訳人の能力向上のためには不可欠である。

4）資格の欠如

> 当事者と個人的に知り合いである，あるいは事件の一方の側と相当程度の事前関与があったために生じる利益相反の可能性について開示することに加え，他にもあなたが仕事からの降板を求めたほうが得策である場合もある。そういうケースの一つとして，特定の裁判において，そこで扱われる内容によっては，あなたの過去または現在の人生経験が大きな妨げになり，明瞭に，そして不適切な感情を持つことなく通訳することができなくなってしまうような場合が挙げられる。もう一つは，使用される独特の語彙のせいであれ，通訳する対象者の話し方のパターンのせいであれ，あなたが，自分に与えられた裁判の仕事が自分の能力を超えていると思った場合である。そのような場合は，裁判官や通訳コーディネーターに話をし，必要な専門性を持ち合わせている通訳人と交代してもらうように頼むべきである。　　　　　　P.31

業務をまっとうに遂行できないような事情がある場合は，通訳の仕事を降板するべきである。中立性を損なう可能性以外に，上記のような，通訳人が仕事を降りたほうがよい状況があれば，ただちに裁判長や裁判所書記官にそれについて伝え，他の通訳人と交代してもらうよう依頼す

べきである。特に，自分がトラウマになっているような事柄が扱われる場合は，通訳の公正さはもちろんのこと，自分自身の健康を守るためにも，降板すべきである。また，自分の能力が及ばない仕事を引き受けることで誤訳などの通訳エラーを繰り返せば，正確性が損なわれて裁判が不公正なものになるだけでなく，それが問題にされてメディアで批判されるような事態を招くこともある。そうなることで通訳人自身が大いに傷つくことになる。力の及ばない仕事を引き受けないことも，プロとしての心構えである。

5）テクノロジーの利用

> 裁判所はますます最新のテクノロジーを採用するようになっている。そのうちのいくつかは通訳人の仕事に影響を及ぼす可能性がある。電子発信機から[24]リアルタイム法廷記録にいたるまで，通訳人は自分に最も役立つようにテクノロジーを利用すべきである。
> P.31

通訳人は，新しいテクノロジーに適応できるよう，努力しなければならない。どの分野でも同じであるが，新しいテクノロジーに慣れ，使いこなせるように勉強することは，プロとしてのスキル向上という点で，非常に重要である。

---

[24] リアルタイム法廷記録（real time court reporting）
裁判所記録官が速記タイプライターとコンピューターのモニターを接続し，法廷の証言をモニターに同時表示しながら記録化するシステムである。

6）同業の通訳人との関係

> それ自体，倫理に関する事柄ではないが，仲間の通訳人たちとの親善の精神を育てることから得られるものは多い。他人の悪口を言うのは控えなさい。それは集団全体のイメージを傷つけることにつながる。これは，通訳という状況の中で他の通訳人の行動に関する深刻な懸念がある場合，それに対処することを控えなければならないという意味ではない。しかし，あなたがそのような懸念に対処する際の動機や方法については注意しておきなさい。この職業は，それに携わる者が互いに対する高い期待と正当な敬意を保つようにすることで，最もうまくいくのである。　　　P.31

　通訳人同士の最も効果的な協力方法を確立し，それを共有することは重要である。日本の法廷通訳は会議通訳に比べ，ペアでの業務に慣れていない。裁判員制度が始まってようやく，通訳人が2人起用される裁判が増えてきたという事情もあり，なかなかそのノウハウが浸透していない。そのため，法廷で誤訳があった場合の訂正の仕方が適切でなかったり，しっかりした協力体制ができていなかったりするケースも多い。どのような形で助け合うのが一番適切なのか，きちんと検討し，それを法廷通訳人全体が共有できるモデルとして確立すべきである。また，2人の通訳人が信頼という土台の上で仕事ができるよう，互いに尊敬し合うに値するスキルと能力を持つために，それぞれが努力して自らのレベルアップを図ることも重要である。

7）職業団体

> 専門職団体は教育のためのワークショップやプログラム，通訳人に関する問題解決のための会議，出版物に関する様々な情報，通訳人が互いに支援しあうだけでなく経験や知識を共有するための機会を提供する。　　　　　　　　　　　　　　　　　　P.32

　同業者の支援や交流の場を設けることは有益である。司法通訳が認定された専門職であるような国ではたいてい，その専門職団体が設立され，その職業に携わる者にとって利益になる様々な活動が行われている。日本には最高裁，法務省，日弁連が公認していると見てよいそのような団体はまだ育っていない。司法通訳が認定された専門職としての立場を得ることが一番重要な課題であるが，それとは別に，何らかの形で互いに情報交換やスキルアップができる機会を得られる場が提供されることも重要である。

7-3．法律家のコメント─法律家と通訳人の継続教育

　通訳人も法律家も，要通訳事件に関する研修の継続が望ましい。プロフェッショナリズムが確立している職業は，職業人が組織化されているのが通常であるが，司法手続の場面で通訳を担当する人については，法令上特段の資格が要求されていないし，最高裁，法務省，警察庁，弁護士会などもプロフェッショナリズムに基づく資格と組織による通訳の質の向上までは求めていないのが実情である。
　それだけに，継続教育といっても，基本は自己研鑽に期待するしかないのが実情である。それでも，裁判所も一定の研修の機会を提供することがある（但し，指名参加のようである）。各地の弁護士会でも不定期に研修，講演などを企画しているので，機会を捉えてそうした場に参加して，質向上に努めるべきであろう。通訳人は，面倒ではあるが，どん

な研修にいつ参加したのか，できればこまめにメモを残し，履歴書参考資料として，通訳人の資質を証明する材料に使ってほしいものである。

7-4. 日本の法廷での倫理―継続教育の必要性

　以上，カリフォルニア州の法廷通訳倫理規定にある通訳人の継続教育の必要性に関する倫理原則について解説した。日本の裁判での通訳に応用できる主要な柱は以下である。

(1) 通訳人は，自分が通訳業務を提供する訴訟に関する知識を得るための努力をしなければならない。
(2) 通訳人は，分野別の専門用語，法廷で使用されるテクノロジーを含め，自分の通訳の技術と知識を維持・向上させるために，常に努力しなければならない。
(3) 通訳人は，同業者との適切な協力関係や情報交換を通じて，自分の技術や知識を向上させるよう努めなければならない。

8 業務遂行に対する障害の評価と報告に関わる倫理原則

8-1. 米国の倫理規定

> カリフォルニア州裁判所規則
> (h) 業務遂行に対する障害の評価と報告
> 通訳人は通訳業務を行う自身の能力を常に評価しなければならない。もし通訳人が仕事を十分満足に行うための自分の能力について疑念を持った場合は，直ちに裁判所か他の適切な権威ある機関に対してその疑念を開示しなければならない。

> 連邦裁判所通訳人行動基準および職務責任
> 8：業務遂行に対する障害の評価と報告
> 通訳人は通訳業務を行う自身の能力を常に評価しなければならない。もし通訳人が仕事を十分満足に行うための自分の能力について疑念を持った場合は，直ちに適切な権威ある司法機関に対してその疑念を伝えなければならない。

8-2. 解説

この倫理原則は，カリフォルニア州裁判所規則と連邦裁判所通訳人行動基準および職務責任に盛り込まれている。通訳人は自分が通訳の業務を行う際に，自分が満足のいく仕事ができるかどうか，適切に判断する必要がある。もし，何らかの事情で適切な業務遂行が難しいと判断した場合は，しかるべき機関にそれを開示し，適切な措置を取ってもらう必

要がある。そのような判断が必要ないくつかの状況について，カリフォルニア州の倫理規定の内容を紹介しながら解説する。

1）通訳人の疲労

> 通訳人として，あなたには，疲労によってあなたが間もなく正確に通訳できなくなりそうだと感じたらいつでも，休憩を求める義務がある。…中略… 疲労困憊の時点に至る前に，あなたは間もなく休憩が必要であることを，裁判官に丁重に知らせなさい。そうすることがすべての人にとって最も有益である。　P.33

　通訳人は疲労の影響が出始める前に休憩を求めるべきである。内外の様々な研究により，通訳を30分以上続けるとミスが出はじめ，1時間以上になると，生理的にも心理的にも，正確性を維持できなくなることがわかっている。そうなる前に休憩を求めることを通訳人に義務付けることは重要である。裁判所としては，手続がスムーズに進行したほうが望ましいので，通訳人が「あと少しなら大丈夫」と言って，キリのよいところまで休憩なしでがんばってくれるとありがたいと考えるかもしれない。しかし，疲労の影響は通訳人本人の自覚をはるかに超えることが多い。疲労していることを感じることができないほど疲労している場合があるのである。そのような状態になると，普段ありえないような誤訳をするし，誤訳や通訳エラーに全く気づかなくなることもある。疲れる前に休憩を求めることが通訳人の義務であることを，共通の意識とすべきである。これは自分たちのためではなく，正確な通訳のためである。

2）チーム通訳

> 状況が許せば，裁判所は，公判審理や証拠調べのような長時間の法廷手続において，疲労を防ぎ，正確性を保証し，手続の流れの中断を避けるために，「チーム通訳」の体制を取ることもある。2名かそれ以上の通訳人は，およそ30分ごとに交代することで，手続の途中で休憩を求める必要なく，通訳エラーの一因となりうる疲労を避けることができる。また，2人目の通訳人が手助けできる方法はいくつかある。例えば，証言の通訳内容に対する異議について解決するのを助けたり，問題のある用語が出てきた場合に参考資料を調べたり，電子機器の技術的問題を解決したりするのである。
>
> P.33

　2名以上の通訳人が起用されれば，交代して通訳することで疲労による悪影響を防ぐことができるし，他にも助け合えることが多くある。
　前項で述べた疲労回避の方法の一つがチーム通訳である。会議通訳者の多くは，ペアで仕事をする場合，15分〜20分おきにタイマーをセットしておき，時間が来たら必ず交代するようにしているが，法廷でもそのシステムが必要である。日本の場合，長時間連続して通訳することが必要な裁判員裁判では，通訳人を2名起用することがある。通訳人同士の協力体制についてはすでに述べたが，効率的で効果的な協力体制が取られれば，業務上の様々な問題に対処する際に，大いに助けとなる。どのように協力し合うかについてのルールを前もって決めておき，裁判の他の関係者にもそれを知っていてもらうことは重要である。

3）聞こえやすさ

> 法廷通訳人にとって適切な労働環境の一つは，法廷ですべてのことが聞こえるということである。誰かがあまりにも速くまたは小さな声で話している，検察官や弁護人があなたに背を向けているため言っていることが理解できない，声がかぶっている，法廷で聞こえる大きな騒音など常に妨害が入るというような場合は，状況が改善するよう裁判所の助けを求めるべきである。　P.34

　通訳人は法廷で話されたことが明瞭に聞こえるような状況を作るために努力しなければならない。通訳がうまくいくためには，話者の声が明瞭に聞こえることがもっとも基本的な条件である。話者自身の話し方のせいで声が聞こえにくいこともあれば，建物の外の騒音などがじゃまになることもある。いずれにせよ，音声の状況によって通訳がうまくいかないと思われる時には，その状況を改善するために何らかの措置を取ってもらえるよう，裁判所に申し入れることもプロとしての通訳人の義務である。それは，業務に最善を尽くそうとする姿勢の表れである。

4）当事者への指示

> カリフォルニア州司法運営基準の基準 2.11 は，通訳を介した手続において，裁判所または裁判所が指名した者は，従うべき手順について関係者に指示しなければならないと規定している。…中略…　基準 2.11 のもとで，裁判所が正当な理由があると考えれば，あなたは，証人の話し方の特徴をよく知るため，そして従うべき手順について証人に指示するために，証言が始まる前の短い「出廷前の面接」で証人と会う機会を得ることがある。場合によっ

> ては，出廷前の面接により，証人が実際には，任命された通訳人の言語を話さないことが明らかになったりすることもある。 通訳のための出廷前の面接を行うことはすべての人にとって有益であり，最終的に手続の時間を節約することになるが，これはいまだに多くの法廷で日常的に行われているわけではない。事情によっては，あなたが率先してそれを行う必要があるかもしれない。通訳がどのように行われるかを説明し，互いに理解できることを確認するために被告人や証人に少しの時間会うことを，あなたが弁護人や検察官に提案するのである。　　　　　P.35

　通訳人は可能なら，事前に被告人や証人と会ったり，その話し方の特徴などについての情報を得られるような機会を持ったりすることが望ましい。これは裁判所に命じられて，証人に通訳を介した際に従う手順について指示するために通訳人が裁判の前に証人と面接する可能性について述べたものだが，日本ではそういうことが行われてはいない。実際の法廷で裁判長が，通訳が付いていることを簡単に説明したりする程度である。通訳人にとっては，事前に証人や被告人に会って，その話し方の特徴を知ることは非常に有益であるが，弁護人接見や検察官や弁護人と証人との打ち合わせに立ち会ったりしない限り，そのチャンスはない。通訳人と意思の疎通ができるかどうかの確認もないまま，裁判が始まることもある。通訳人としては，事前に裁判所書記官を通じてなるべく多くの情報を集めるべきである。その情報に基づき，通訳に関する何らかの不安が生じた場合，事前に被告人や証人と会う機会が持てるよう，裁判所に働きかけることも重要である。何らかの対応をしてくれるかもしれない。

5）通訳をしないという指示

> 検察官や弁護人，あるいは被告人があなたに通訳しないように要請または指示した時はいつでも，あなたはそれを裁判所に知らせるよう，検察官や弁護人に要請すべきである。そうすれば裁判官は，通訳を省くことに同意する場合，それを決定し記録に残すことができる。
> P.35

　通訳人は裁判長の指示に基づいてのみ，法廷で訳す作業を止めるべきである。
　法廷で話されることをすべて通訳するのが法廷通訳人の役目である。通訳をしないという決定をするのは裁判長である。それ以外の人が指示しても，そのまま訳すのをやめるのではなく，裁判長の指示を待つようにしなければならない。

6）文書とサイト・トランスレーション

> 検察官や弁護人が証言台に座っている英語を話さない証人に文書を渡した場合は，どのような形であっても，それを読んだり説明したりすることを決して自分で行ったりせず，それを目標言語で声に出して読むようにという指示を待たなければならない。証言の際に証人が突然文書を出してあなたに渡した場合，あなたはそれを検察官や弁護人に渡すか，証言台のカウンターに置くかすべきである。記録に残すために文書を説明し，必要な場合は裁判所の承認を得て記録に載せるためにそれを読むようにあなたに命じることを決めるのは検察官や弁護人である。…中略…　法廷で示

> される記録に関しては，どんな文書であっても，サイト・トランスレーションを依頼されたら，それに目を通す短い時間か休憩を必ず求めなさい。「生で」行って記録に残すということは，うまくできそうな時のみ，それに応じるべきである。例えば，(a)文書が比較的短いとき。(b)あなたがその場ですぐに正確にサイト・トランスレーションができる自信があるときである。そういう場合以外は，長さ，用語，構文の複雑さを考えると正確性を保証するには法廷外で正式に翻訳することが必要であることを，裁判所に伝えなさい。　　　　　　　　　　　　　　　　　　　　P.36

　通訳人は，事前準備の時間が与えられない状態でのサイト・トランスレーションを安易に引き受けてはならない。
　これは日本の法廷では，ほぼありえない運用であるが，万が一にも証人尋問の際に証人から文書が出された場合，それを声に出して読んだり説明したりするよう指示するのは検察官や弁護人である。また，実際にそのような文書を訳すように言われた場合，サイト・トランスレーションが必要になるが，十分な準備のないままそれを行うことは困難であり，正確性の保証ができないことを裁判所にきちんと伝え，理解を得なければならない。

法廷での音声およびビデオテープの通訳

> 一般的なルールとして，公判手続の際，録音・録画は部分ごとに通訳することが望ましい。あなたがそれを依頼された場合，たとえ短くてかなりわかりやすいものであっても，たいていの場合，まずその部分を聴いたり観たりするための休憩を求める必要があるだろう。録音は，非常に聞き間違えたり誤解したりしやすい。

> その結果，当事者の一方に少なからぬ不利な影響を及ぼす可能性もある。テープを前もって聴いたあと，法廷で直接その部分を通訳するのは楽だと思うこともあるだろう。しかし，あなたが「生の」通訳ができそうもないとわかった場合は，正確性を保証するためには法廷外での正式のテープ起こしと翻訳が必要であることを裁判所に伝えなさい。
> P.36

　日本では，裁判員裁判をやり直す場合，前の裁判の証人尋問や被告人質問の録音録画を再生することがある。サイト・トランスレーションの場合と同様に，法廷で十分な準備のないまま音声を聞いて訳すのは難しく，正確性の保証ができないことを裁判所にきちんと伝え，理解を得なければならない。

7）文化的または言語的専門知識

> たとえあなたが言語の専門知識を持っていたとしても，あなたは自分が通訳している裁判で専門家証人として証言することを避けるよう，極力努めなければならない。そのようなことをすると，法廷でのあなたの仕事の範囲があいまいになり，その裁判で通訳を続けることが出来なくなってしまうことがあるかもしれない。特に，あなたの知識や権限を越える問題に関して証言することは避けるべきである。法廷通訳人としてのあなたの仕事は，英語を話さない被告人や証人の文化や証言で言及された文化的慣行を専門分野とする人の仕事と同じではない。そのような問題については，それにふさわしい分野の権威者に相談すべきである。
> P.36〜37

通訳人は言語学や文化の専門家ではないので，この点に関する鑑定人のように扱われるべきではないし，安易に言語や文化についての知識を提供すべきではない。

通訳人は言語学や文化の専門家であるという誤解を受けやすい。ある言語に堪能であることが，その言語について言語学的知識を持っていることにはならないし，その文化について専門知識を持っていることにもならない。法廷で通訳人が言語学や文化の鑑定人のように扱われ，何らかのコメントを求められることがあるが，そのような場合，本当に100％確信を持って言えることでなければ，意見を述べるべきではない。通訳人の仕事は通訳することであり，文化などの専門的な事柄について正確な情報を提供できる知識が備わっているとは限らないので，通訳人から出た間違った情報が，裁判の行方に影響を及ぼす可能性もある。鑑定人の仕事はその道の専門家が行うべきなのである。また，仮に，通訳人に100％の確信があり，自信を持ってコメントできる場合も，すでに正確性に関する倫理のところで述べたように，一旦通訳人の仕事から離れてコメントしているのだということが分かるようにすべきである。

8-3. 法律家のコメント─通訳環境整備への配慮

1 要通訳事件では，法律家と通訳人が共同して正確・的確・適正な通訳を実現することが重要である。その上で，次の事項について，十分に意見交換の上，段取りをあらかじめ策定しておくのが望ましい。

(1) 通訳人の複数選任（場合によっては，法廷通訳のために複数の通訳人を選任し，別に被告人と弁護人の間の通訳に専念する通訳人の選任も求めるべきである）。
(2) 通訳交代の時間と方法（15分程度で交代）。休憩時間（1時間あたり10分程度）。
(3) 通訳人が訂正を申し立てる方法（自己の誤りの訂正とパートナー通訳人のエラーの訂正方法両方とも）
(4) 通訳人の配置場所

(5) 通訳人の氏名を法廷では一切明かさないものとすること（被疑者・被告人にも氏名などを伝えない運用が望ましい）。

2 通訳人が単独の事件で，速記者は機械的に1時間程度で交代するのに，通訳人については「通訳人，もう少しですが，続けられますか」と裁判長が確認する場面がままある。この場合，通訳人は通常「はい。大丈夫です」と答える。これは，通訳人倫理の基本に反する。疲労は確実に誤訳を生む。休憩をとることは，職業上の責務と心得るべきである。そして，この場面では，弁護人も検察官もつい裁判官と一緒になって「もうちょっとやってもらってもいいのではないか」という気になるものであるが，通訳人の疲労によるエラーの危険は，通訳人の基本的な能力の高さでカバーできるものではないように思われる。法律家は「通訳人にがんばらせない」運用こそ，誤訳を防ぎ，適正な通訳を保障するための安全策であることをよく認識するべきである。

8-4. 日本の法廷での倫理──業務遂行への障害の評価と報告

以上，カリフォルニア州の法廷通訳倫理規定に沿って，通訳人の業務に対する障害を評価し報告することに関する倫理原則について解説した。日本の裁判での通訳に応用できる主要な柱は以下である。

(1) 通訳人は，自分が通訳業務を満足に行うことができる状況にあるかどうかの評価を常に行い，もし適切な業務遂行を妨げる要因があれば，それを裁判所に伝えなければならない。
(2) 通訳人は，法廷で自分の知識や能力を超える業務を依頼されたら，それを受けてはならない。そして，その理由を裁判所に伝えて理解を得るようにすべきである。

9 法廷での礼儀と振る舞いに関わる倫理原則

9-1. 米国の倫理規定

> 連邦裁判所通訳人行動基準および職務責任
> 4：専門職としての振る舞い
> 法廷で通訳業務を行っている際に，通訳人は法廷の威厳に合致した振る舞いをしなければならない。そして，できるだけ控えめにしていなければならない。

> NAJIT 倫理規定および職務責任
> 規範5　専門職としての礼儀と振る舞い
> 法廷通訳人は，法廷の基準と礼儀に合致した振る舞いをしなければならない。そして，できるだけ控えめに業務を行わなければならない。法廷通訳人は，話者と同じ文法上の人称を使用するべきである。コミュニケーションにおいて主たる役割を帯びることが必要になった際には，自分自身として話をしていることが明確になるようにしなければならない。

9-2. 解説

　法廷での礼儀に関する倫理原則はカリフォルニア州裁判所規則には盛り込まれていないが，この項目をここに配置する。上記の NAJIT の倫理規定の後半部分は，カリフォルニア州の倫理規定では正確性に関する部分で詳しく説明されている。

法廷は高度に形式化され威厳に満ちた場であるべきである。裁判に参加する者はみな，法廷の威厳を損なうような行為を慎まねばならない。服装も法廷にふさわしいものでなければならないし，時間厳守は言うまでもない。通訳人も常に礼儀に適った行動を取らねばならない。

　また，通訳人は自分自身が裁判に当事者として参加しているわけではないが，コミュニケーションの仲立ちの役割を持つ手続の不可欠な構成員である。それをよく自覚して，常に控えめに行動し，通訳以外の何らかの行為を行う必要があるかもしれないと感じるような時には，必ず裁判長の指示を仰ぐようにすべきである。

9-3. 法律家のコメント―法廷での振る舞い

　良識ある服装，常識的な接遇，礼節ある言動などは，通訳人だけではなく，法律家にも求められるところである。ことに法廷は，被告人の一生を左右する裁判が行われる場所であるだけに，その自覚をもって自己を規律することが自ずから求められる。例えば，派手な服装であること自体を表立ってとがめ立てすることは法律家の側からは事実上できないだけに，通訳人各自のプロの自覚を普段から磨くことが求められる。

9-4. 日本の法廷での倫理―礼儀と正しい振る舞い

　以上，連邦裁判所とNAJITの倫理規定に述べられている通訳人の法廷での礼儀と振る舞いに関する倫理原則について解説した。日本の裁判での通訳に応用できる主要な柱は以下である。

(1) 通訳人は，法廷で通訳業務を行う際に，法廷にふさわしい振る舞いをすることで，法廷の威厳を守らなければならない。
(2) 通訳人は，法廷で通訳業務を行う際，できるだけ控えめにしていなければならない。

10 違反についての報告義務に関わる倫理原則

10-1. 米国の倫理規定

カリフォルニア州裁判所規則
(i) 倫理違反を報告する義務
通訳人は，法律，本規則，その他の法廷通訳および司法翻訳に関する公的な指針に従うのを妨げる働きかけを受けた時には，裁判所またはその他の適切な権威ある機関に報告をしなければならない。

連邦裁判所通訳人行動基準および職務責任
9：倫理違反を報告する義務
通訳人は，法律，本倫理規定の条項，またはその他の法廷通訳および司法翻訳に関する公的な指針に従うのを妨げる働きかけを受けた時には，それを適当な権威ある司法機関に報告しなければならない。

NAJIT倫理規定および職務責任
規範8　倫理遵守に対する障害
法廷通訳人と翻訳人は，自分自身の疲労，音声の聞こえにくさ，専門的な語彙に対する知識の不十分さを含め，本倫理規定の完全な遵守を妨げる事情や状況があれば，それに対して裁判所の注意を喚起しなければならない。そして，明らかに倫理規定の遵守を不可能にする状況下での仕事は辞退しなければならない。

10-2. 解説

カリフォルニア州の倫理規定は，以下のように述べている。

> もし誰かがあなたに対し，法廷通訳に関連する法令，規則，規制，方針に違反するよう誘ったり促したりしようとした場合，あなたはその状況を，その裁判を担当する裁判官，法廷通訳コーディネーター，公選弁護人監督者，地方検察官，裁判所の裁判長など適切な当局に報告する義務を負っている。　P.38

　法律や倫理規定などの遵守を脅かすような働きかけがあった場合，速やかに然るべき人や機関にそれを報告する義務がある。そのような働きかけには毅然として対応しなければ，通訳という専門職の信頼を損なうだけでなく，自分自身が仕事をなくすなどの危険にさらされることにもなる。倫理原則は通訳という専門職の根幹を成すものであり，それに沿って行動することで，全幅の信頼を集めることができるのである。

10-3. 法律家のコメント──安全確保

　従前，通訳人が業務に従事していることとの関係で，身辺に危険な事態が発生したということが公になった事例はない。通訳人の氏名などを特定する事項は，法律家においても秘匿するように注意しているし，また通訳人の任務についても「通訳専念」であり，捜査側・被告側どちらの味方でもないといった役割に関する説明もしている。
　通訳人自身も，トラブルを生じないためにも，専門を越えたテーマについて通訳業務外の場面で意見を述べたり，ましてやフェイスブック，ツイッター，ブログなどで事件に触れたりすることのないよう細心の注意を要する。また，被疑者・被告人やその関係者とダイレクトに接触したり，通訳業務の場面以外の場で連絡をとったり，さらには被疑者・被

告人を支援するなどの活動をすることなど通訳を超えた関わり方には慎重であるべきだ。

　そうした注意をしていても，関係者からの働きかけなどがあったときには，ことを軽視することなく，必ず弁護人，警察官，検察官または裁判所書記官に報告・説明するべきである。事情によっては，通訳人を辞退することも考慮するのが適切であることもある。独り決めすることなく，法律家との打合せの元にプロとしての選択をするべきであろう。

10-4．日本の法廷での倫理―倫理違反報告義務

　以上，倫理規定などの遵守への妨害を報告する義務に関する倫理原則について解説した。日本の裁判での通訳に応用できる主要な柱は以下である。

(1) 通訳人は，法律，本倫理規定の条項，またはその他の法廷通訳および司法翻訳に関する公的な指針に従うのを妨げる働きかけを受けた時には，それを裁判所に報告しなければならない。
(2) 通訳人は，明らかに倫理規定の遵守を不可能にする状況下での仕事は辞退しなければならない。

付録（1）

日本の法廷での通訳人倫理

1. 通訳経歴の提示

(1) 通訳人は，法律家の要請があれば，自らが受けてきた通訳技能のトレーニングについて，その年数や内容を提示しなければならない。また，直近3年間に行った通訳業務の内容（法廷通訳の場合は事例），時間数も正確に提示できるようにしておかなければならない。

2. 通訳の正確性

(1) 通訳人は，起点言語で言われた内容に忠実に，目標言語に通訳しなければならない。自分の判断で情報を追加したり，省略したり，編集したりせず，そのまま伝えることが重要である。ただし，いわゆる「逐語的」な忠実さが求められているのではない。情報の質と量に対する忠実さである。重複や不正スターなども，整理せずにそのまま訳さなければならない。

(2) 原発言の意味やニュアンス，レジスター，感情的な含みをそのまま忠実に目標言語に通訳しなければならない。

(3) 慣用表現などの特殊な言語表現や文化特有の表現は，目標言語でその等価表現を探して通訳するよう努めなければならない。

(4) 原発言における断片的な話し方，曖昧さ，ジェスチャーなどについては，自分の判断で言葉を補って明確化してはならない。

(5) 目標言語に等価表現が見つからない場合，発言内容がよく理解できない場合，わからない言葉が出てきた場合，1つの言葉に2つ以上の訳語が可能な場合は，裁判長にそれを告げ，適切な方法でそれを解決するよう努めなければならない。

(6) 通訳への異議が出された場合を含め，通訳の誤りに気づいたら速やかに訂正しなければならない。

3. 中立性
(1) 通訳人は常に中立・公平な立場を保たねばならないし，中立・公平でないような様相すら示してはならない。
(2) 通訳人は訴訟関係人と個人的な関係を持ってはならない。訴訟関係人と利益相反の関係にある，または，訴訟への事前関与がある場合は，仕事を引き受けてはならない。そのような状況である場合は，裁判所にその旨を開示しなければならない。
(3) 通訳人は誰に対しても，裁判に関する個人的意見を述べてはならない。

4. 守秘義務
(1) 通訳人は，裁判所が開示を命じる場合を除き，業務上知りえた情報を開示してはならない。
(2) 準備段階を含め，手続きのあらゆる場面で通訳人は守秘義務を守らなければならない。

5. 法的助言禁止
(1) 通訳人は，裁判の当事者，またはその関係者の誰に対しても，法的助言や裁判に関わるその他の情報提供をしてはならない。それは法律家の仕事である。
(2) 通訳人は，裁判に関わっている誰かに特定の弁護士を紹介するなどしてはならない。

6. 職務上の関係
(1) 通訳人は，裁判のすべての参加者に対して，公平で中立な立場を守らなければならない。
(2) 通訳人は，コミュニケーションの仲立ちをすることが自分の仕事であることを認識し，自分自身が目立つような振る舞いをせず，常に控えめでなければならない。

7. 継続教育の必要性
   (1) 通訳人は,自分が通訳業務を提供する訴訟に関する知識を得るための努力をしなければならない。
   (2) 通訳人は,分野別の専門用語,法廷で使用されるテクノロジーを含め,自分の通訳の技術と知識を維持・向上させるために,常に努力しなければならない。
   (3) 通訳人は,同業者との適切な協力関係や情報交換を通じて,自分の技術や知識を向上させるよう努めなければならない。

8. 業務遂行への障害の評価と報告
   (1) 通訳人は,自分が通訳業務を満足に行うことができる状況にあるかどうかの評価を常に行い,もし適切な業務遂行を妨げる要因があれば,それを裁判所に伝えなければならない。
   (2) 通訳人は,法廷で自分の知識や能力を超える業務を依頼されたら,それを受けてはならない。そして,その理由を裁判所に伝えて理解を得るようにすべきである。

9. 礼儀と正しい振る舞い
   (1) 通訳人は,法廷で通訳業務を行う際に,法廷にふさわしい振る舞いをすることで,法廷の威厳を守らなければならない。
   (2) 通訳人は,法廷で通訳業務を行う際,できるだけ控えめにしていなければならない。

10. 倫理違反報告義務
    (1) 通訳人は,法律,本倫理規定の条項,またはその他の法廷通訳および司法翻訳に関する公的な指針に従うのを妨げる働きかけを受けた時には,それを裁判所に報告しなければならない。
    (2) 通訳人は,明らかに倫理規定の遵守を不可能にする状況下での仕事は辞退しなければならない。

付録（2）

カリフォルニア州裁判所規則 2.890　通訳人の職務遂行

A. California Rules of Court, Rule 2.890
Rule 2.890. Professional conduct for interpreters

(a)　**Representation of qualifications**

An interpreter must accurately and completely represent his or her certifications, training, and relevant experience.　(Subd (a) amended effective January 1, 2007.)

(b)　**Complete and accurate interpretation**

An interpreter must use his or her best skills and judgment to interpret accurately without embellishing, omitting, or editing. When interpreting for a party, the interpreter must interpret everything that is said during the entire proceedings. When interpreting for a witness, the interpreter must interpret everything that is said during the witness's testimony.　(Subd (b) amended effective January 1, 2007.)

(c)　**Impartiality and avoidance of conflicts of interest**

(1)　Impartiality

An interpreter must be impartial and unbiased and must refrain from conduct that may give an appearance of bias.

(2)　Disclosure of conflicts

An interpreter must disclose to the judge and to all parties any actual or apparent conflict of interest. Any condition that interferes with the objectivity of an interpreter is a conflict of interest. A conflict may exist if the interpreter is acquainted with or related to any witness or party to the action or if the interpreter has an interest in the outcome of the case.

(3) Conduct
An interpreter must not engage in conduct creating the appearance of bias, prejudice, or partiality.

(4) Statements
An interpreter must not make statements to any person about the merits of the case until the litigation has concluded. (Subd (c) amended effective January 1, 2007.)

(d) **Confidentiality of privileged communications**
An interpreter must not disclose privileged communications between counsel and client to any person. (Subd (d) amended effective January 1, 2007.)

(e) **Giving legal advice**
An interpreter must not give legal advice to parties and witnesses, nor recommend specific attorneys or law firms. (Subd (e) amended effective January 1, 2007.)

(f) **Impartial professional relationships**
An interpreter must maintain an impartial, professional relationship with all court officers, attorneys, jurors, parties, and witnesses. (Subd (f) amended effective January 1, 2007.)

(g) **Continuing education and duty to the profession**

An interpreter must, through continuing education, maintain and improve his or her interpreting skills and knowledge of procedures used by the courts. An interpreter should seek to elevate the standards of performance of the interpreting profession. (Subd (g) amended effective January 1, 2007.)

(h) **Assessing and reporting impediments to performance**
An interpreter must assess at all times his or her ability to perform interpreting services. If an interpreter has any reservation about his or her ability to satisfy an assignment competently, the interpreter must immediately disclose that reservation to the court or other appropriate authority. (Subd (h) amended effective January 1, 2007.)

(i) **Duty to report ethical violations**
An interpreter must report to the court or other appropriate authority any effort to impede the interpreter's compliance with the law, this rule, or any other official policy governing court interpreting and legal translating. (Subd (i) amended effective January 1, 2007.)

Rule 2.890 amended and renumbered effective January 1, 2007; adopted as rule 984.4 effective January 1, 1999.

連邦裁判所通訳人行動基準および職務責任

Standards for Performance and Professional Responsibility for Contract Court Interpreters in the Federal Courts

Preamble

Federally certified court interpreters are highly skilled professionals who bring to the judicial process specialized language skills, impartiality, and propriety in dealing with parties, counsel, the court, and the jury. All contract court interpreters, regardless of certification, are appointed to serve the court pursuant to 28 U.S.C. § 1827. When interpreters are sworn in they become, for the duration of the assignment, officers of the court with the specific duty and responsibility of interpreting between English and the language specified. In their capacity as officers of the court, contract court interpreters are expected to follow the Standards for Performance and Professional Responsibility for Contract Court Interpreters in the Federal Courts.

1: Accuracy and Completeness

Interpreters shall render a complete and accurate interpretation or sight translation that preserves the level of language used without altering, omitting, or adding anything to what is stated or written, and without explanation. The obligation to preserve accuracy includes the interpreter's duty to correct any error of interpretation discovered by the interpreter during the proceeding.

2: Representation of Qualifications

Interpreters shall accurately and completely represent their certifications, training, and pertinent experience.

3: Impartiality, Conflicts of Interest, and Remuneration and Gifts

Impartiality. Interpreters shall be impartial and unbiased and shall refrain from conduct that may give an appearance of bias. During the course of the proceedings, interpreters shall not converse with parties, witnesses, jurors, attorneys, or with friends or relatives of any party, except in the discharge of their official functions.

Conflicts of Interest. Interpreters shall disclose any real or perceived conflict of interest, including any prior involvement with the case, parties, witnesses or attorneys, and shall not serve in any matter in which they have a conflict of interest.

Remuneration and Gifts. Court interpreters shall accept remuneration for their service to the court only from the court. Court interpreters shall not accept any gifts, gratuities, or valuable consideration from any litigant, witness, or attorney in a case in which the interpreter is serving the court, provided, however, that when no other court interpreters are available, the court may authorize court interpreters working for the court to provide interpreting services to, and receive compensation for such services from, an attorney in the case.

4. Professional Demeanor

In the course of their service to the court, interpreters shall conduct themselves in a manner consistent with the dignity of the court and shall be as unobtrusive as possible.

5: Confidentiality

Interpreters shall protect the confidentiality of all privileged and other confidential information.

6: Restriction of Public Comment

Interpreters shall not publicly discuss, report, or offer an opinion concerning a matter in which they are or have been engaged, even when that information is not privileged or required by law to be confidential.

7: Scope of Practice
Interpreters shall limit themselves to interpreting or translating, and shall not give legal advice, express personal opinions to individuals for whom they are interpreting, or engage in any other activities which may be construed to constitute a service other than interpreting or translating while serving as an interpreter.

8: Assessing and Reporting Impediments to Performance
Interpreters shall assess at all times their ability to deliver their services. When interpreters have any reservation about their ability to satisfy an assignment competently, they shall immediately convey that reservation to the appropriate judicial authority.

9: Duty to Report Ethical Violations
Interpreters shall report to the proper judicial authority any effort to impede their compliance with any law, any provision of these Standards, or any other official policy governing court interpreting and legal translating.

NAJIT（司法通訳人翻訳人全国協会）倫理規定および職務責任

National Association of Judiciary Interpreters & Translators Code of Ethics and Professional Responsibilities

- *Preamble*

Many persons who come before the courts are non- or limited-English speakers. The function of court interpreters and translators is to remove the language barrier to the extent possible, so that such persons' access to justice is the same as that of similarly-situated English speakers for whom no such barrier exists. The degree of trust that is placed in court interpreters and the magnitude of their responsibility necessitate high, uniform ethical standards that will both guide and protect court interpreters in the course of their duties as well as uphold the standards of the profession as a whole.

While many ethical decisions are straightforward, no code of ethics can foresee every conceivable scenario; court interpreters cannot mechanically apply abstract ethical principles to every situation that may arise. This Code is therefore intended not only to set forth fundamental ethical precepts for court interpreters to follow, but also to encourage them to develop their own, well-informed ethical judgment.

- *Applicability*

All NAJIT members are bound to comply with this Code.

Canon 1. Accuracy

Source-language speech should be faithfully rendered into the target language by conserving all the elements of the original message while accommodating the syntactic and semantic patterns of the target language. The rendition should sound natural in the target language, and there should be no distortion of the original message through addition or omission, explanation or paraphrasing. All hedges, false starts and repetitions should be conveyed; also, English words mixed into the other language should be retained, as should culturally-bound terms which have no direct equivalent in English, or which may have more than one meaning. The register, style and tone of the source language should be conserved.

Guessing should be avoided. Court interpreters who do not hear or understand what a speaker has said should seek clarification. Interpreter errors should be corrected for the record as soon as possible.

Canon 2. Impartiality and Conflicts of Interest
Court interpreters and translators are to remain impartial and neutral in proceedings where they serve, and must maintain the appearance of impartiality and neutrality, avoiding unnecessary contact with the parties.

Court interpreters and translators shall abstain from comment on matters in which they serve. Any real or potential conflict of interest shall be immediately disclosed to the Court and all parties as soon as the interpreter or translator becomes aware of such conflict of interest.

Canon 3. Confidentiality
Privileged or confidential information acquired in the course of interpreting or preparing a translation shall not be disclosed by the

interpreter without authorization.

Canon 4. Limitations of Practice
Court interpreters and translators shall limit their participation in those matters in which they serve to interpreting and translating, and shall not give advice to the parties or otherwise engage in activities that can be construed as the practice of law.

Canon 5. Protocol and Demeanor
Court interpreters shall conduct themselves in a manner consistent with the standards and protocol of the Court, and shall perform their duties as unobtrusively as possible. Court interpreters are to use the same grammatical person as the speaker. When it becomes necessary to assume a primary role in the communication, they must make it clear that they are speaking for themselves.

Canon 6. Maintenance and Improvement of Skills and Knowledge
Court interpreters and translators shall strive to maintain and improve their interpreting and translation skills and knowledge.

Canon 7. Accurate Representation of Credentials
Court interpreters and translators shall accurately represent their certifications, accreditations, training and pertinent experience.

Canon 8. Impediments to Compliance
Court interpreters and translators shall bring to the Court's attention any circumstance or condition that impedes full compliance with any Canon of this Code, including interpreter fatigue, inability to hear, or inadequate knowledge of specialized terminology, and must decline assignments under conditions that make such compliance patently impossible.

参考文献
(本書で直接引用されないものも含む)

ギボンズ,ジョン:中根育子監訳,共訳:鶴田知佳子,水野真木子,中村幸子(2013)『法言語学入門 司法制度におけることば』東京外国語大学出版会

中村幸子(2013)「法廷実験統計学分析」愛知学院大学文学部紀要 42号 89-98

中村幸子・水野真木子(2010)「法廷実験――模擬裁判員の心証形成に及ぼす通訳の影響」統計数理研究所共同研究リポート237『裁判員裁判における言語使用に関する統計を用いた研究』53-66.

水野真木子(2005)「各種通訳倫理規定の内容と基本理念――会議,コミュニティー,法廷,医療通訳の倫理規定を比較して」『通訳研究』第5号 157-172.

水野真木子(2006)「ニック・ベイカー事件の英語通訳をめぐる諸問題」『季刊刑事弁護』No.46, 108-111.

水野真木子・中村幸子(2010)「要通訳裁判員裁判における法廷通訳人の疲労とストレスについて」『金城学院大学論集』(社会科学編)第7巻第1号 71-80

渡辺修・長尾ひろみ・水野真木子(2004)『司法通訳 Q&Aで学ぶ通訳現場』松柏社

渡辺修・水野真木子・中村幸子(2010)『実践 司法通訳 シナリオで学ぶ法廷通訳』現代人文社

Loftus, Elizabeth F. & John C. Palmer (1974) Reconstruction of automobile destruction: An example of the interaction between languages and memory. *Journal of Verbal Learning and Verbal Behavior* 13, 585-9

Mizuno, M., Nakamura, S., and Kawahara, K. (2013) Observations on how the lexical choices of court interpreters influence the impression formation of lay judges. *Kinjo Gakuin Daigaku Ronshu.*

Studies in Social Science（『金城学院大学論集』社会科学編）, Vol.9 (2), 1-11.

Moser-Mercer, B., Kunzli, A., Korac , M.（1998）Prolonged turns in interpreting: Effects on quality, physiological and psychological stress（Pilot study）*Interpreting* Vol. 3（1）, 47-64

The National Concil on Interpreting im Health Care. *A National Code of Ethics for Interpreters in Health Care*. July 2004

本書で使用した倫理規定

Administrative Office of the Court, Judicial Council of California. *Professional Standards and Ethics for California Court Interpreters*. Fifth Edition, May 2013

National Association of Judiciary Interpreters & Translators. *Code of Ethics and Professional Responsibilities*
http://www.najit.org/about/NAJITCodeofEthicsFINAL.pdf

United States Courts. *Standards for Performance and Professional Responsibility for Contract Court Interpreters in the Federal Courts*
http://www.uscourts.gov/uscourts/FederalCourts/Interpreter/Standards_for_Performance.pdf

著者略歴

水野真木子（みずの・まきこ）
金城学院大学文学部英語英米文化学科教授
法と言語学会副会長
略歴：京都府立大学文学部卒業．立命館大学国際関係研究科修士課程修了
専門：通訳学（コミュニティ通訳，法廷通訳），法言語学
主な著書：『コミュニティ通訳──多文化共生社会のコミュニケーション』（共著，2015，みすず書房），『実践　司法通訳──シナリオで学ぶ法廷通訳　裁判員裁判編』（共著，2010，現代人文社），『コミュニティー通訳入門』（単著，2008，大阪教育図書），『司法通訳──Q&Aで学ぶ通訳現場』（共著，2004，松柏社）ほか

渡辺修（わたなべ・おさむ）
甲南大学法科大学院教授
法学博士，大阪弁護士会弁護士
略歴：京都大学法学部卒業．京都大学大学院法学研究科博士後期課程修了
専門：刑事訴訟法，刑事弁護
主な著書：『現代の刑事裁判』（単著，2014，成文堂），『基本講義刑事訴訟法』（単著，2014，法律文化社），『実践　司法通訳──シナリオで学ぶ法廷通訳　裁判員裁判編』（共著，2010，現代人文社），『司法通訳──Q&Aで学ぶ通訳現場』（共著，2004，松柏社）ほか

法廷通訳人の倫理
アメリカの倫理規定に学ぶ

2015 年 11 月 5 日　初版第 1 刷発行

著　者　水野真木子／渡辺　修
発行者　森　信久
発行所　株式会社　松　柏　社
　　　　〒 102-0072　東京都千代田区飯田橋 1-6-1
　　　　TEL　03(3230)4813（代表）
　　　　FAX　03(3230)4857
　　　　http://www.shohakusha.com
　　　　e-mail: info@shohakusha.com

装丁　常松靖史［TUNE］
組版・印刷・製本　倉敷印刷株式会社
ISBN978-4-7754-0223-8
Printed in Japan
Copyright ©2015 by M. Mizuno & O. Watanabe

定価はカバーに表示してあります。
本書を無断で複写・複製することを固く禁じます。

JPCA　本書は日本出版著作権協会（JPCA）が委託管理する著作物です。
複写（コピー）・複製、その他著作物の利用については、事前に JPCA（電話 03-3812-9424、e-mail:info@e-jpca.com）の許諾を得て下さい。なお、
日本出版著作権協会　無断でコピー・スキャン・デジタル化等の複製をすることは著作権法上
http://www.e-jpca.com/　の例外を除き、著作権法違反となります。